作者简介

刘鹏林

中国民主建国会文化委委员；中国人民大学MBA；中央人民广播电台国学主持嘉宾；太平兴国寺总顾问；天道人心（上海）科技公司创始人；上海交通大学国学班学位班主讲导师；全球《帝王学易统天下 》第一导师。

刘鹏林导师对传统国学深有研究，讲课承往而不泥古、开来而不媚俗，19 年来主要讲授《梅花易数》《易统天下》《王者归来》《阴符经》《玄天御指经》《智慧之光》《智慧人生导师班》等课程，并在新加坡、加拿大、越南、泰国等国家讲授国学专题。

序言

传承之光，照亮智慧人生

在浩瀚的历史长河中，中华传统文化犹如一颗璀璨的明珠，历经千年而不衰，其深邃的智慧与博大的胸怀，滋养了一代又一代华夏儿女的心灵。本书正是基于这一深厚的文化底蕴，精选国学经典之精髓，旨在引领读者穿越时空的界限，探寻古人的人生智慧，感悟中华优秀传统文化的无穷魅力与深远影响。

在这个日新月异的时代，科技的飞速发展让我们享受着前所未有的便捷与丰富。但与此同时，心灵的归宿与精神的滋养似乎成为一个日益凸显的议题。面对纷扰复杂的世界，我们不禁要问：何处是心灵的港湾？何为真正的智慧与幸福？答案，或许就深藏于我们悠久的传统文化之中。

《易经》作为中华文化的瑰宝，被誉为“群经之首，大道之源”。它不仅是一部古老的占卜之书，更是蕴含了宇宙万物变化规律、人生哲理与处世之道的哲学巨著。《易经》的智慧，在于它教会我们如何在变化莫测的世界中，保持一颗平和而洞察的心，以“变”应万变，达到天人合一的和谐境界。通过阅读《易经》，我们不仅能学习到古人的智慧结晶，更能在现实生活中找到指引，使人生之路更加坚定与从容。

然而，传统文化的传承远不止于《易经》。儒家之仁爱、道家之自然、佛家之慈悲……这些思想流派共同构成了中华文化的多元与包容，它们如同一盏盏明灯，照亮了人类前行的道路。本书在深入挖掘《易经》智慧的同时，也广泛涉猎了其他国学经典，如《论语》《道德经》《左传》《庄子》《资治通

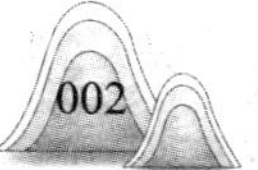

鉴》等，力求为读者呈现一个全面而深刻的传统文化图景。

传承传统文化的必要性，在于它是我们民族精神的根与魂。在全球化日益加深的今天，保持文化自觉与文化自信，对于维护国家文化安全、增强民族凝聚力具有不可估量的价值。同时，传统文化中的智慧与美德，如诚信、孝顺、仁爱等，对于解决现代社会面临的诸多问题，如精神空虚等，具有独特的启示意义。

因此，本书不仅是一本关于读国学经典、启人生智慧的书籍，更是一次心灵的洗礼与升华之旅。它邀请每一位读者，共同踏上这段探寻传统文化之美的旅程，让古老的智慧之光，照亮我们前行的道路，引领我们走向更加智慧、和谐与幸福的人生。

目录

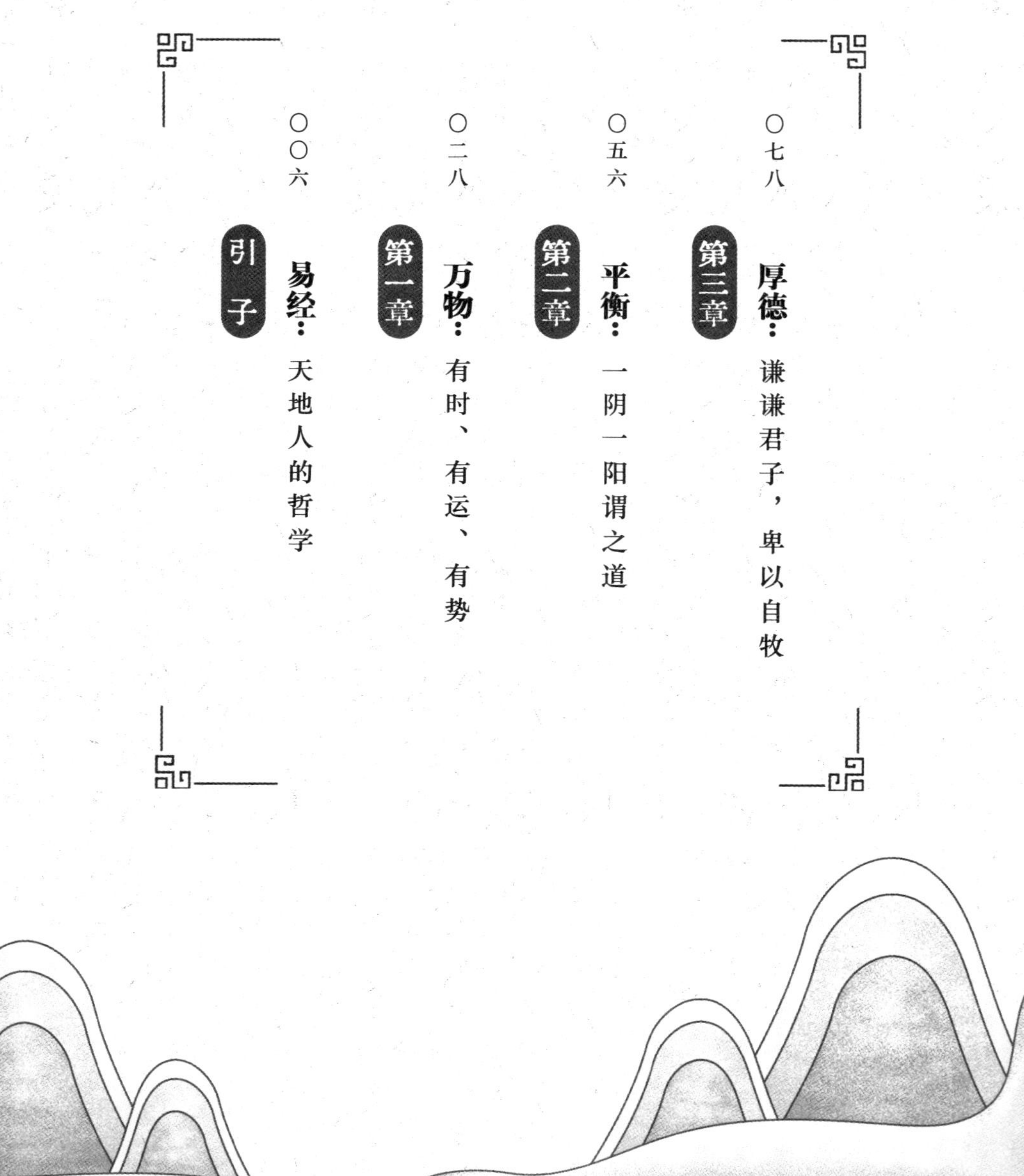

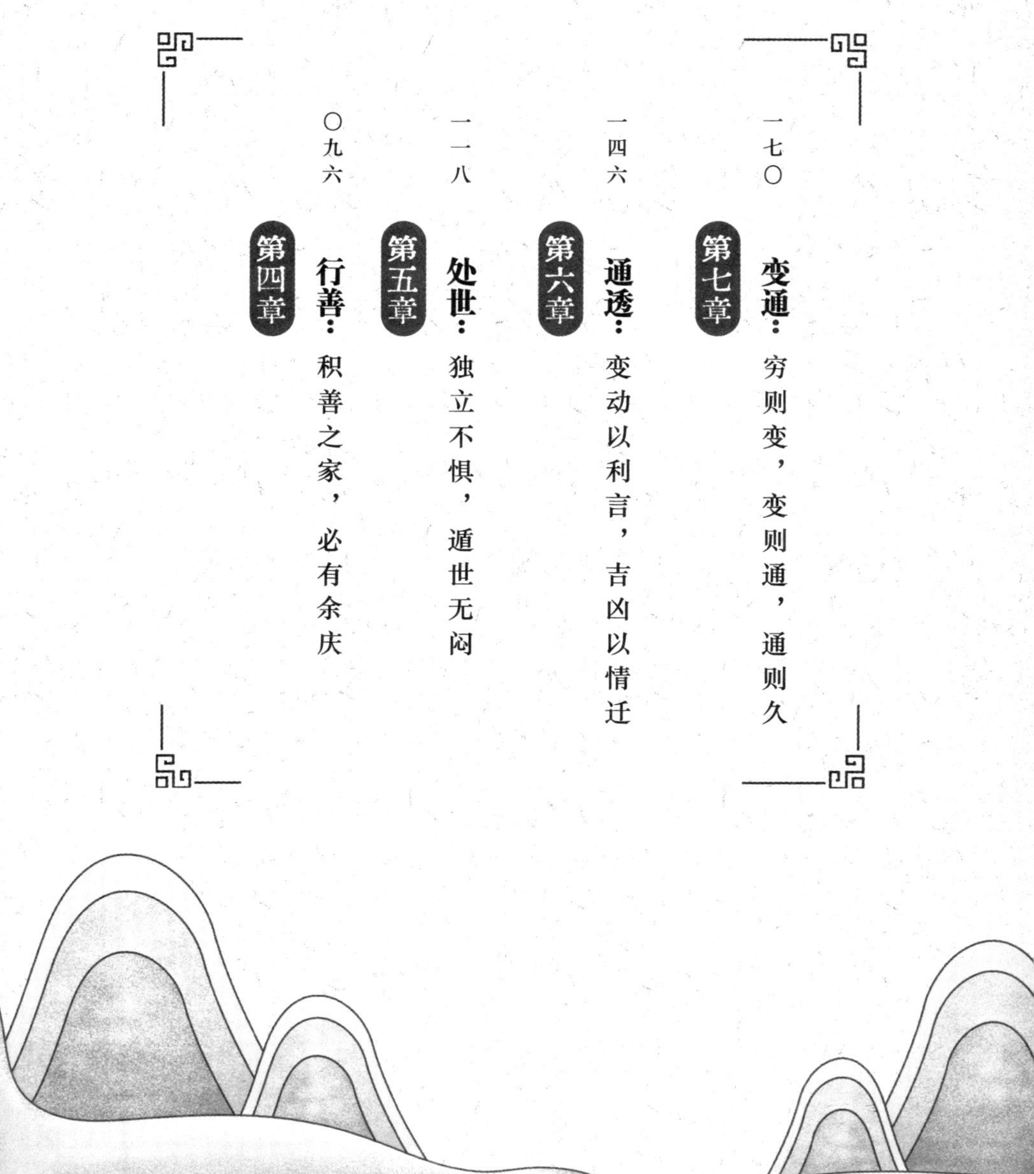

引　子

易经：天地人的哲学

《易经》：中华文明的源头

《易经》被称为“群经之首”“大道之源”。它既是中华文化的源头，对道教、儒家、中医、文字、数术、哲学、民俗文化等有影响，也是研究天地人、万事万物变化规律的重要人文科学。

《易经》的起源可以追溯到新石器时代，大约在伏羲氏时代诞生，而伏羲氏被认为《易经》的奠基人。据传，伏羲在东行途中，来到了黄河和洛水交汇处巩义，并观察到黄河和洛水在这里形成一个漩涡，因而悟出了八卦。另外还有一种说法是，黄河和洛水分别出现了神马和神龟，它们带出了先天和后天八卦图（河图和洛书），并将其共同献给了伏羲。

伏羲仰观天象，俯察地理，看宇宙间万事万物的变化、鸟兽蚊虫的变化、河图和洛书的变化，从而创造出了太极生两仪，两仪生四象，四象生八卦。八卦是《易经》中最基本的理论概念，是对大自然界最原始的八种基本物质的最基本变化的表达。这八种物质分别是天、地、山、水、风、火、雷、泽。通过不同的阳爻、阴爻的组合来表示这些物质的不同变化，进而使人们理解自然界万物相互转化的变化规律。

总之，《易经》是中国古代最重要的文化典籍之一，它是中国智慧的缩影。同时，它仍然对现代社会产生着不可替代的影响。例如，太极拳就是起源于《易经》的拳术运动之一。

孔子修缮《易经》：探究人生万物的智慧之源

孔子，这位生活在大约2500年前的伟大思想家，不仅是中国历史上的一位杰出人物，更是全球文明史上的重要一环。他是中华文化的重要传承者之一，与《易经》这部古老智慧的典籍有着深厚的联系。

在人类历史上，古埃及、古巴比伦、古印度和中国被誉为四大文明古国。其中，只有中华文明历经千年风雨，依然保持其独特的魅力和生命力。孔子的出现，正是这一文明传承中的重要一环。

孔子，名丘，字仲尼，生活在文化繁荣的春秋时代。他博学多才，对《易经》进行了深入的整理和注释工作，使其从原本的卜筮之书转化为具有哲学内涵和文化价值的经典之作。

孔子对《易经》的贡献还体现在其文化地位的提升上。在孔子的推崇和影响下，《易经》逐渐被纳入儒家经典体系之中，与《诗经》《尚书》《礼记》《春秋》并称为“五经”。这一变化不仅使得《易经》的学术地位得到了显著提升，还使其成为中国传统文化中不可或缺的重要组成部分。

孔子曾经说：“加我数年，五十以学《易》，可以无大过矣。”这句话的意思是，如果上天能够再多给我几年时间，让我在五十岁的时候开始学习《易经》，并且能够深入钻研其中的道理，那么我就可以在日常生活中更加明智地做出决策，避免犯下重大的错误。

孔子晚年研读《易经》，对时机与命运的关系有了深刻的感悟。他提出的“时也，命也”这一观点，强调了时机在人生中的重要性和不可控性。时，指的是时机、时势；命，则是指个人的命运和定位。孔子认为，人应当顺应时势，把握时机，但最终的命运结果则往往由天定。这种思想体现了孔子对于人生境遇的深刻洞察和豁达态度。

《易经》有三易：简易、变易和不易

《易经》作为中国古代的经典之作，不仅揭示了宇宙万物的运行规律，也体现出人类的智慧和处世的哲学。它涵盖了三个原则，分别是简易、变易和不易。

简易在《易经》中体现为，通过卦象、爻辞等简单元素来阐述宇宙间复杂的变化规律。宇宙间的事物虽然纷繁复杂，但背后往往有简单的规律可循。这启示我们要抓住事物的本质和核心，避免被表面现象所迷惑。通过简化问题，我们可以更清晰地看到事物的真相，做出更明智的决策。

在《易经》看来，世界上的人、事、物乃至宇宙万物都在不断地发生变化。这种变化是绝对的、永恒的，无论是自然现象还是社会现象，都遵循着“变易”的原则。正如《易经》所言：唯变所适。在这个快速变化的时代，我们需要具备适应变化的能力，不断学习和创新，才能在竞争中立于不败之地。

最后，不易原则则提醒我们，在变化之中，总有一些不变的规律和原则在起作用。这些恒常的规律是宇宙万物的根基，也是我们认识世界和把握命运的关键。通过理解这些恒常的规律，我们可以更好地掌控自己的生活和未来。

《易经》中的“三易”——简易、变易和不易，是相互关联、相互补充的。简易使我们更容易地理解和把握复杂的世界；变易则提醒我们要认识到世

界的变化无常，并学会适应和应对变化；不易则揭示了变化背后的本质和规律，使我们更深刻地认识世界和把握未来。

这“三易”共同构成了《易经》的核心思想体系，对于我们认识万事万物具有重要的意义。

宇宙之镜：天象映吉凶，定律绘万物

《易经》有言：“天垂象，见吉凶。天地有定律，四季有成规，万物有法则。”这句话揭示了自然界和人类社会的普遍规律。

通过观察天象，人们可以预测未来的吉凶祸福。自然界的运行也遵循着一定的规律和秩序，如日月星辰的运转、四季的更替等。世间万物都有其存在的法则和规律，这些法则和规律构成了世界的基本框架。

历史上就有这样一位杰出的科学家与政治家——郭守敬，他的一生便是对“万物有法则”理念的生动诠释。郭守敬生活在元代，那是一个科技与文化交融的时代。他深知自然界的运行遵循着严谨的数学与天文法则，于是致力于天文学、历法学以及水利工程的研究与实践。

郭守敬最为人称道的成就之一，便是主持修订了《授时历》。这部历法不仅在当时达到了极高的精确度，还领先世界其他类似著作300年之久。

他通过长期的观测与计算，揭示了日月星辰运行的奥秘，将“天地有定律”的哲学思想转化为精确的天文数据，为农业生产、航海导航等提供了重要依据。这一成就，正是对“万物有法则”最直接的体现与应用。

此外，郭守敬还设计并建造了多座天文台和观

测仪器，如简仪、仰仪等，这些创新不仅极大地推动了古代天文学的发展，也展现了人类智慧在探索自然规律方面的无限可能。他的一生，就是在不断追寻、验证和应用自然法则中度过的。

无论时代如何变迁，对自然法则的尊重与探索始终是人类文明进步的重要动力。万物有法则，只有当我们深入理解并遵循这些法则时，才能与自然和谐共生，创造出更加美好的未来。

双重修炼：以自强不息之志，践厚德载物之道

《易经》有言："天行健，君子以自强不息；地势坤，君子以厚德载物。"这句话既表达了君子应自强不息的做事态度，又体现了君子应厚德载物的做人品质。在实际生活中，我们要将做人和做事相结合，既要注重个人品德的修养，又要努力提升自己的能力和素质。

孙悟空是四大名著之一《西游记》中的传奇角色，他的修行经历便深刻诠释了这一道理。起初，他师从菩提祖师，习得一身惊世骇俗的本领，如腾云驾雾、七十二变。但此时的他就如同未经雕琢的璞玉，缺乏人性的温润。正因少了谦虚、包容与理解，他走上了大闹天宫的弯路，换来了五百年五行山下的孤寂反思。

直到遇见唐三藏，悟空的人生轨迹悄然改变。唐三藏虽武艺不济，却以无尽的慈悲与智慧，为悟空的心田播下了“做人”的种子。他教诲悟空不杀生、不嗔怒，学会理解与包容。日复一日的陪伴与引导让悟空学会了换位思考，懂得了助人的真谛。最终，他不仅技艺更加炉火纯青，更在人格上完成了蜕变，成就了斗战胜佛的辉煌。

这不仅仅是悟空的故事，也是每个人成长的缩影。在快节奏的现代生活中，我们往往急于提升专业技能，却忽视了人格修养的重要性。其实，学会做事与学会做人，是并行不悖的双轨。真正的成长，不仅在于外在成就的积累，更在于内心的蜕变与升华。

《西游记》的师徒四人，历经九九八十一难，方得真经，立地成佛。这并非因为经文的神奇力量，而是他们在磨难中学会了坚韧，在挑战中实现了成长。没有这些经历，即便坐拥万卷经书，也难以触及心灵的彼岸。

每一次跌倒都是重新站起的开始，每一次挑战都是通往更强大的自己的桥梁。让我们拥抱每一次经历，无论是顺境还是逆境，因为它们都是生命赋予我们的宝贵财富，促使我们不断前行，最终成为更加完整、优秀的自己。

观世界：览世界百态，立独特之见

我们常常听到这样的智慧之语：“唯有观世界，才有世界观。”这句话告诉我们，一个人的视野和格局，往往来源于他对世界的观察和理解。正如古人所言：“花盆里长不出参天树。”

想象一下，一个从未离开过家乡的人，他的世界可能只局限于那片熟悉的土地和人群。他的思考、判断和选择，往往会被固有的观念和习俗所束缚。然而，当他开始走出舒适区，踏上探索世界的旅程时，他的视野会逐渐开阔，思维也会变得更加灵活和多元。

回望历史，我们不难发现那些成就非凡的人物，往往都拥有广阔的视野和丰富的经历。林则徐被誉为“近代历史上第一个睁眼看世界的人”，在仕途初期，时人对西方世界的了解非常匮乏，林则徐逐渐认识到闭关锁国的弊端，开始主动了解和学习西方知识。

在睁眼观世界的过程中，林则徐形成了自己独特的世界观。他认识到西方国家的强大并非仅仅在于坚船利炮，更在于其先进的政治制度、科学技术和教育体系。他主张学其优而用之，认为中国应该学习西方的长处，改革自己的不足，以实现国家的富强和人民的幸福。

观世界是一种心灵的洗礼。当我们置身于陌生的环境中，我们会更加关注自己的内心感受，思考自己的真正追求和价值。

我们会逐渐形成自己的世界观，这个世界观是基于我们对世界的观察和体验，是经过反思和重构后形成的独特视角。它让我们更深刻地理解世界，也让我们更自信地面对未来的挑战。

戒言的智慧：吉人之辞寡，躁人之辞多

《易经》有言："吉人之辞寡，躁人之辞多。"这句话深刻地揭示了戒言的智慧，值得我们细细品味。

"吉人之辞寡"，这里的"吉人"指的是那些内心平和、稳重、有智慧且行事谨慎的人。他们往往言语不多，但每句话都经过深思熟虑，言简意赅，直击要害。他们懂得"言多必失"的道理，因此不轻易发表意见，但一旦开口，便能给人以启发和力量。这种少言而精的言辞方式，体现了他们内在的修养和自信。

"躁人之辞多"中的"躁人"则是指那些性格急躁、心浮气躁、缺乏耐心和深思熟虑的人。他们往往言辞繁多，口若悬河，但很多时候只是在发泄情

绪或者无意识地表达自己的想法，缺乏逻辑性和条理性。这种言辞方式不仅难以让人信服，还可能因为言辞过激而引发不必要的争端和误解。

在与人交流时，我们应该注重言辞的质量和数量，像“吉人”一样言辞谨慎、简洁明了。我们要在发言之前深思熟虑，确保自己的言辞有理有据，不会给他人带来误导。同时，我们也要学会倾听他人的意见，尊重他人的观点，而不是一味地发表自己的见解。

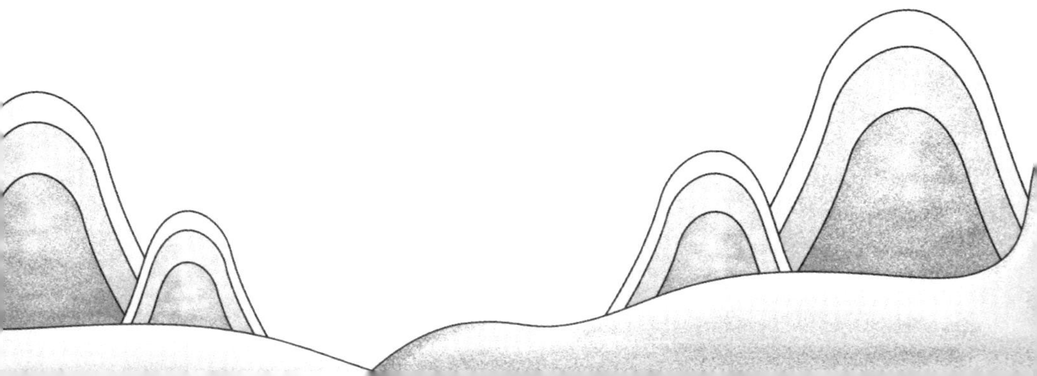

我们会遇到各种各样的人和事，有时会因为言辞不当而引发不必要的纷争和误解。因此，我们应该时刻铭记戒言的智慧，学会控制自己的言辞，避免因为一时的冲动或情绪化而说出不恰当的话。同时，我们也要学会用实际行动来证明自己的言辞，让言行一致成为我们的座右铭。

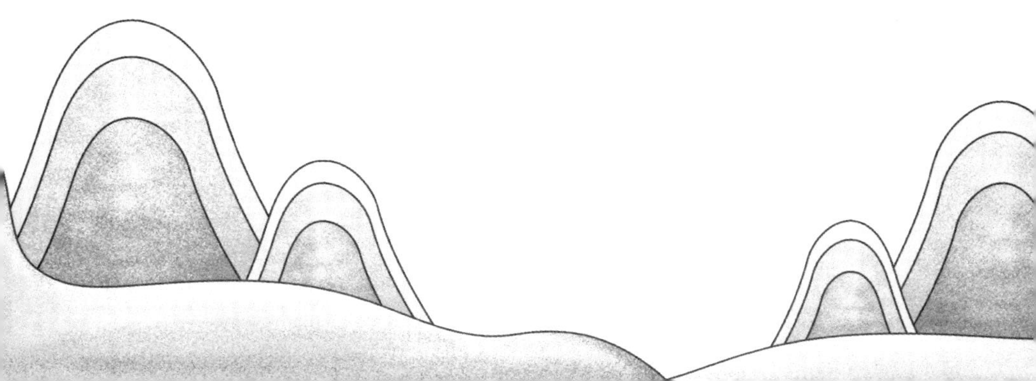

第一章

万物：有时、有运、有势

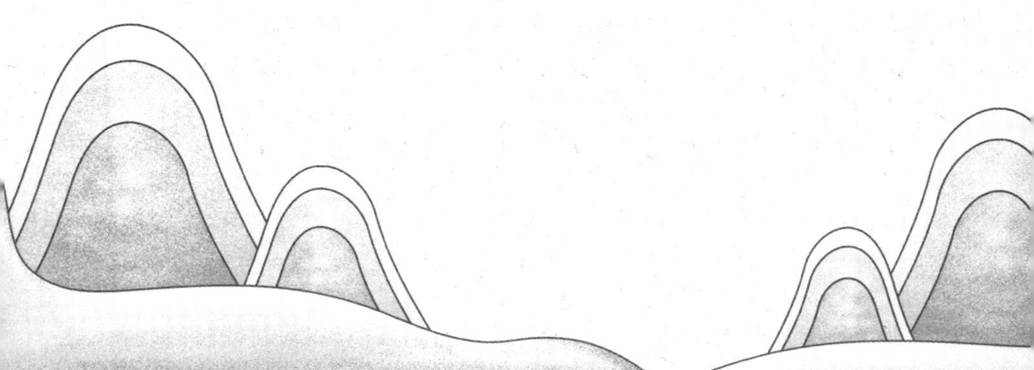

时运之势：万物生长的奥秘

在浩瀚的生命旅途中，每一事、每一物都遵循着宇宙间微妙而深刻的法则。这些法则虽不直接言及玄妙，却深刻影响着我们的存在与前行。

简而言之，生活赋予我们“时”“运”与“势”三大要素，它们如同指引航向的星辰，让人生的航程既充满挑战，又不失方向。

“时”，即时机，是万物生长成熟、事物发展变化的恰当时刻。正如四季更迭，春花秋月各有其时，人生亦有其不可逆转的时间节奏。把握时机，意味着在合适的时候播种希望，在收获的季节里辛勤耕耘，不错过每一个成长的契机。

“运”，则指的是运气与机遇，它是生活中那些看似偶然、实则必然的转折点。运气的好坏，往往取决于我们如何准备自己，以及是否拥有敏锐的洞察力去捕捉那些稍纵即逝的机会。在“运”的流转中，我们学会了坚持与变通，明白了努力与机遇并存的重要性。

而“势”，则是一种趋势与力量，它推动着社会和个人不断向前发展。正如江河汇流成海，不可阻挡，人生中的“势”同样引导着我们顺应时代潮流，勇敢拥抱变化。理解并顺应“势”的力量，能够让我们在变革中立足，于挑战中寻得机遇，不断拓宽人生的边界。

“时”“运”“势”三者相辅相成，共同构成了人生丰富多彩的画卷。在追求梦想与幸福的道路上，我们应当学会识时务、抓机遇、顺大势，以积极的心态和智慧的行动，书写属于自己的精彩篇章。

时行时止：在行与止间寻光明的人生智慧

《易经》有言：“时止则止，时行则行，动静不失其时，其道光明。”在应该停止的时候就要停止，在应该行动的时候就要行动。无论是动还是静，都需要在恰当的时机进行，不能过早也不能过晚，这样一个人的行为就会符合自然和社会的规律，从而走向成功和光明。

在历史的璀璨星河中，宋代文学家苏轼的一生，便是对《易经》“时止则止，时行则行”理念的生动诠释。他用自己的经历为我们书写了一部关于如何在“时止”与“时行”之间寻找平衡的人生教科书。

在官场得意时，苏轼积极进言，勇于担当，无论是诗文创作还是政治改革，都展现出“时行则行”

的果敢与热忱。他的笔墨间洋溢着对生活的热爱与对理想的追求，正如他豪迈地吟唱：“大江东去，浪淘尽，千古风流人物。”这句词不仅描绘了大江奔流的壮阔景象，更寓含了人生应顺应时势，勇往直前的哲理。

然而，当朝廷风云变幻，政敌环伺，苏轼也能审时度势，适时选择退隐。他多次被贬谪至偏远之地，却能在逆境中寻找到生活的乐趣与精神的寄托。在黄州，他写下“竹杖芒鞋轻胜马，谁怕？一蓑烟雨任平生”，展现了“时止则止”的从容与超然；在惠州，他开荒种地，吟诗作画，与民同乐，其“日啖荔枝三百颗，不辞长作岭南人”的诗句，更是透露出随遇而安、享受当下的生活态度。

这种在进退之间自如转换的能力，不仅使苏轼

在政治上得以保全，更让他的文学创作达到了新的高度。他的诗句，如同他的人生轨迹，既有“会挽雕弓如满月，西北望，射天狼”的壮志豪情，也有“人生如梦，一尊还酹江月”的深邃哲思。

人生如同一条蜿蜒曲折的河流，有时需要激流勇进，有时则需静水深流。关键在于，我们能够根据时势的变化，灵活调整自己的步伐，做到“动静不失其时”。正如他笔下所描绘的，无论是“大江东去”的壮阔，还是“一蓑烟雨”的淡然，都是生命之河在不同阶段的真实写照。

正位人生：在正确的位置上重塑命运

《易经》有云：“君子以正位凝命。”君子应当摆正自己的位置，明确自己的人生责任，以完成上天赋予的使命。

在漫长的人生旅途中，我们每个人都有着自己的角色和定位。只有明确了自身的位置，才能清晰地认识到自己的使命。位置，不仅决定了我们的视野，更影响着我们的命运。

秦朝丞相李斯的人生经历就说明了“正位”的重要性。他年轻的时候只是楚国上蔡郡的一个守粮仓的小吏，每天重复着单调乏味的工作，生活平淡无奇。然而，一次上厕所的偶然经历，让他有了改变命运的觉悟。

在厕所里，他目睹了一群瘦小干枯、肮脏不堪的老鼠，这与他在粮仓中看到的肥硕健康、逍遥自在的老鼠形成了鲜明对比。他自己作为一个默默无闻的粮仓管理员，与这些老鼠又有何异？这使他深刻地认识到，老鼠的境遇与它们所处的位置紧密相关。他不禁发出感概：人生如鼠，不在仓就在厕。

于是，李斯下定决心要改变自己的命运。他毅然离开了舒适但平庸的岗位，开始寻求更高的目标。他跟随荀子学习帝王之术，不断提升自己的能力和见识。学成之后，他更是勇敢地走出楚国，来到了强大的秦国，寻找更大的舞台。

经过多年的努力和奋斗，李斯终于成为秦国的丞相，辅助秦王嬴政完成了统一六国的伟业。他的成功，正是因为他明确了自己的位置，并为之付出了不懈的努力。

同样是一根稻草，它用来捆白菜就是白菜价，用来捆大闸蟹就是大闸蟹价。只有明确自己的位置，找到适合自己的平台，我们才能充分发挥自己的潜能，实现自己的人生价值。

适时而发：如雄鸡般精准掌握发言节奏

禽滑厘是战国时期的著名墨家学者，他是墨子的重要弟子之一，与墨子一同致力于传播墨家的思想主张。

禽滑厘经常向墨子请教问题，这天他请教的是关于“多言”的弊端。有些人喜欢多说话，但所说的话往往缺乏实质内容，甚至可能引发误解和冲突。因此，他想知道：多说话到底是否有益？

墨子针对禽滑厘的提问，通过对比青蛙和公鸡的叫声，给出了深刻而富有哲理的回答。墨子说：“虾蟆蛙蝇，日夜恒鸣，口干舌擗，然而不听。今观晨鸡，以时而鸣，天下振动。多言何益，唯其言之时也。”

田野间的青蛙日夜不停地鸣叫，声音嘈杂而刺耳。然而，尽管它们叫得如此频繁，人们却往往充耳不闻，甚至感到厌烦。这是因为它们鸣叫的时机不对。

雄鸡只在黎明时分准时啼叫，声音清脆而响亮。这一声啼叫，能够唤醒沉睡的大地，让人们按时起身，开始新的一天。这是因为雄鸡的啼叫把握了时机，它在人们最需要的时候发出了声音。

言语的力量并不在于多，而在于精。真正的智者，懂得在合适的时机，用恰当的语言表达自己的观点和情感。他们的每一句话都充满了智慧和价值，能够引起人们的共鸣和思考。

在现实生活中，我们也应该注意言辞的使用方式和效果。说话要抓住时机、说到点子上，避免无谓的废话和空话，做到言之有物、言之有理、言之有情。

命运之轮：“不要怕”启航，“不要悔”靠岸

我们常常被过去、现在与未来的迷雾所困扰，仿佛每一刻都在流逝，无法紧握。就像此刻你在读我的文字，转眼间，这些文字已成为过去的一部分。仔细想来，我们真的能留住哪一刻吗？答案似乎总是那么无奈——无一可留。

有一位青年怀揣着梦想，踏上创业的征途。临行前，他向族长寻求智慧之光。族长赠予他两封信，一封信让他在遭遇困境时打开，另一封则留在故乡，等待他荣归故里之日再开启。这两封信，如同人生的灯塔，指引着他前行。

青年带着第一封信，勇往直前，经历了风雨，也见证了彩虹。然而，随着岁月的流逝，他发现自

己失去了很多——家庭的温馨、亲情的陪伴，以及内心的那份纯粹。当事业陷入低谷时，他打开了第一封信，简单的“不要怕”三字，如春风化雨，让他意识到，生活中的一切挑战都是成长的磨砺。

多年后，带着对过往的反思，他踏上了归途。遗憾的是，族长已逝，但他留下了第二封信。信中“不要悔”三字，如同当头棒喝，让青年明白：过去的已无法改变，重要的是珍惜当下，不让自己在悔恨中度过余生。

人生，就是由无数个今天堆砌而成。年轻时，我们应有“初生牛犊不怕虎”的勇气，勇敢追求梦想，不畏艰难。因为每一次尝试，都是通往成功路

上的宝贵经验。而到了中年，或许会发现生活并非总是如诗如画，但我们要学会接受与放下，不让过去的遗憾成为未来的负担，这才是真正的智慧。

记住，我们无法预知未来，但可以把握现在。“不要怕”启航，“不要悔”靠岸。每一个当下的选择和努力，都是塑造未来自己的基石。因此，无论身处何境，都请记得：中年以前，勇敢前行，不畏惧；中年以后，坦然面对，不后悔。这便是生活赋予我们最宝贵的礼物。

鱼跃龙门：耐寂寞，善己身，济天下

我们时常用“鲤鱼跃龙门”来形容一个人从平凡到卓越的巨大飞跃。那么你有没有想过：鱼跃龙门之前，它们究竟在做什么呢？

它们或许在浩瀚的江河中奋力游动，历经风雨的洗礼；或许在寂静的深潭中潜心修炼，磨砺意志。这些看似平凡的日子，却是鲤鱼跃龙门前不可或缺的铺垫。我们在追求卓越的道路上也需要经历沉潜和积累，这样才能在关键时刻一跃而起，实现人生的飞跃。

那么，鲤鱼跃龙门之后又在做什么呢？它们会化身为龙，腾飞于天际，行云布雨，滋润世界。它们不再满足于江河湖泊的安逸，而是用新的视角俯瞰大地，领略更为广阔的世界。它们具备了更高层次的智慧和力量，并回馈于自然，为万物生长带去滋养和雨露，展现出生命最美丽的姿态。同样，人们在实现人生飞跃后，也应继续前行，兼济天下，用所学所得去帮助他人，回馈社会，成为时代的领航者，展现人生更广阔的意义和价值。

“穷则独善其身，达则兼济天下。”这是智者给我们的忠告。无论我们处于人生的哪个阶段，都应该坚持提升自我和兼济天下的理念。在穷困时，我们要坚守自己的道德和原则；在成功时，我们要用自己的力量去帮助更多的人，让这个世界因我们的存在而变得更加美好。

超越表象：解锁冰山之下隐藏的真相密码

两位旅者天使偶然间踏入了两个截然不同的家庭借宿。第一家布置得富丽堂皇，但人却冷漠，天使被安置在阴冷的地下室，一夜难眠。老天使悄然间发现墙上有个洞，就顺手把它修补好。年轻天使不解，老天使只是轻语："表象之下，藏有深意。"

次日，他们来到一户贫寒农家，迎接他们的是温暖的笑容与家中仅有的吃食。夜幕降临，天使享受着农家夫妇的慷慨，心中满是感激。然而，清晨的悲伤打破了宁静——家中的奶牛离世，这是全家的生计所在。年轻天使不解：为何他们的善行未得好报？

老天使缓缓道来："世间万物，皆有因果。富人

家那墙后面堆满了黄金，但他们不愿与人分享，所以我就把墙洞填上了。而在农家，死神欲夺走农妇的命，我安排了奶牛作为替代。生活中的挑战与失去，往往是另一种形式的保护与赐予。”

年轻天使听后，眼中闪烁着恍然大悟的光芒，仿佛推开了一扇新的认知大门。他感慨道：“原来如此，我们所见的每一幕，背后或许都隐藏着无数未曾触及的深邃与复杂。”

确实，人生就像一幅错综复杂的画卷。你以为站在了真相的山巅，实则可能只是站在了山脚，仰望着更为辽阔的风景。正如这两次借宿，在富人家中，我们看到的冷漠与贪婪，或许只是他们内心挣

扎与迷茫的外在表现。而农家夫妇的乐观与坚韧，则是他们面对生活困苦时，内心深处不灭的希望之光。这些，都是我们在匆匆一瞥中难以捕捉到的真实。

每一次的经历，都是一次学习的机会。它教会我们，不要急于对人和事下定论，更不要轻易认为自己已经看透了世界的全部。因为，真正的智慧，在于能够透过表象，看到更深层次的真相与情感，理解每一个生命背后的故事与不易。

从容之道：子夏欲速则不达的哲学

在繁忙的现代生活中，我们常常被速度和效率所驱使，追求立竿见影的成果。然而，孔子在《论语》中的一句智慧之语——“欲速则不达”却像一盏明灯，指引我们在纷繁复杂的世界中寻找到一份从容与淡定。

在孔子的众多弟子中，有一位以学识渊博、道德高尚而著称的智者，他就是子夏。子夏，名卜商，是孔子晚年最重要的弟子之一，也是孔门十哲之一。他的才学和品德深受孔子的赞赏，被后世誉为儒家学派的重要传承者。

在《论语》中，孔子与子夏的对话也频繁出现。其中“欲速则不达”即来源于此。子夏当时身为地方官员，时常因工作繁重而心生迷茫。他渴望迅速成功，希望每一分努力都能迅速转化为显眼的成就。然而，他发现自己越是心急，越难以达到预期的目标。于是，他向孔子请教，希望能找到高效治理政事的办法。

孔子告诉他：“无欲速，无见小利。欲速则不达，见小利则大事不成。”意思是不要急于求成，不要贪图小利。急于求成反而达不到目的，贪图小利注定办不成大事。成功并非一蹴而就，而是需要耐心和智慧的积累。只有脚踏实地、稳步前行，才能最终走向成功。孔子的话让子夏深受启发，他开始放慢脚步，认真审视自己的工作和生活。

人生就像一场马拉松，不是速度决定胜负，而是耐力和智慧。我们不应该盲目追求速度，而应该注重过程的积累和沉淀。

我们需要学会慢下来，慢下来并不意味着停滞不前，而是要在忙碌中寻找一份宁静和从容，在慢中品味生活的美好、积累人生的智慧。

荀子劝学：自然界所映射的智慧与哲理

在《荀子·劝学》这部经典之作中，荀子以广袤的自然界为喻，巧妙地揭示了深刻的生活哲理。他通过描绘自然界中的种种现象，引导我们思考个人成长、环境选择以及习惯养成的重要性。

南方有一种名叫蒙鸠的小鸟，它用羽毛精心编织巢穴，还细心地用发丝加固，却将这精心打造的家安在了随风摇曳的芦苇之上。一阵风起，芦苇折断，巢毁卵破，悲剧上演。蒙鸠筑巢的故事让我们看到，即使是最精致的构建，如果忽视了基础与环境的选择，也会轻易毁于一旦。

还有一种名为射干的树木，它虽茎干短小，仅四寸有余，却能傲然挺立于高山之巅，俯瞰百丈深渊。射干之所以显得高大，并非自身生长之力，而是借势于它所立足的巍峨之地。这启示我们，个人的成就往往离不开平台的支撑与环境的滋养。

再看一下蓬草与白沙。前者生于麻丛之中，自然而然挺直了腰杆；后者置于污泥之侧，逐渐被染成同样的颜色。可见，环境对个体的影响深远，它能在无形中塑造我们的品性与习惯。

兰槐之根，本为芬芳之芷，但若长期浸泡在恶臭的泔水之中，即便是君子也会避之不及，百姓也不再愿意佩戴。这告诉我们，美好的本质虽重要，但持续的正面影响与环境的净化同样不可或缺。

正如古人所言：居必择乡，游必就士。选择适宜的环境，结交有识之士，便如同为人生之路铺设了坚实的基石。它能帮助我们抵御外界的诱惑与偏邪，引领我们走向更加正直与光明的未来。

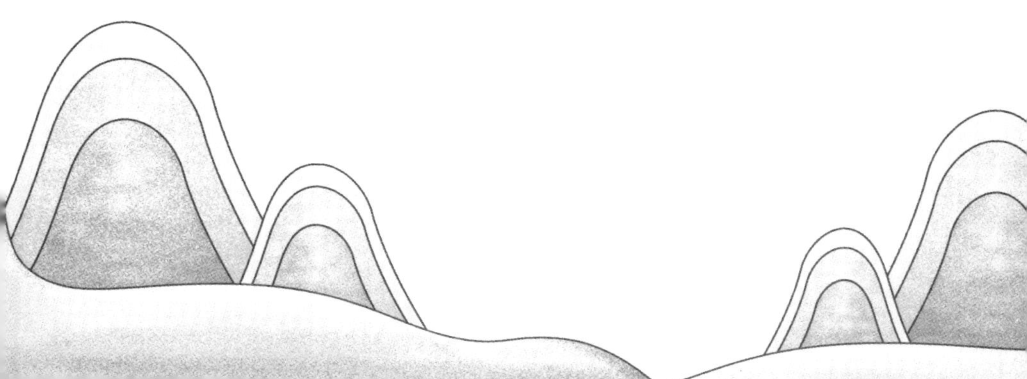

第二章

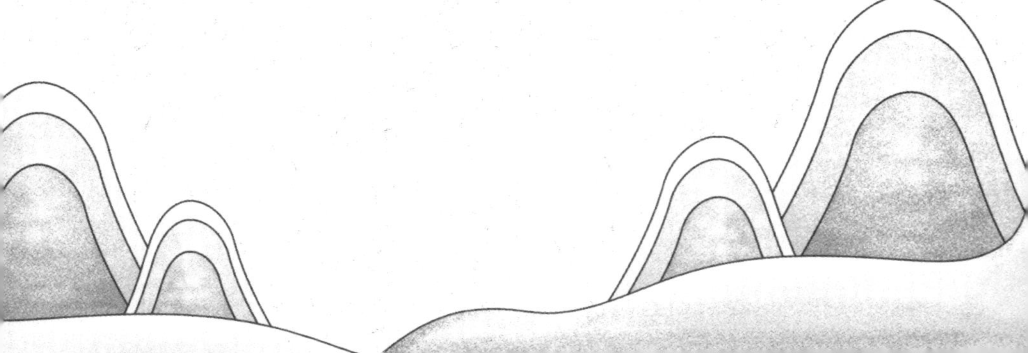

平衡：一阴一阳谓之道

阴阳共生：平衡与转化的智慧之旅

在古代中国，先哲们通过观察自然界中的现象，提出了一个深刻的哲学概念——阴阳。最初，阴阳指的是太阳照射的朝向，阳光直射的一面被称为阳，背对阳光的一面则被称为阴。随着人类思维的深化，这种简单的自然现象逐渐演变成了一种抽象的哲学观念。

我们可以把阴阳理解为生活中相互关联且对立的两个方面。正如《黄帝内经》所言：“阳者，天气也，主外；阴者，地气也，主内。”

阳代表着天之气，是外在的、活跃的；而阴则象征着地之气，是内在的、柔和的。男性往往被赋予阳刚之气，而女性则展现出阴柔之美。但重要的是，阳与阴并非孤立存在，而是相互依存、相互作用的。

我们也常常遇到各种对立面，比如成功与失败、快乐与痛苦。这些看似对立的事物，其实也在相互依存中推动着我们的成长。正如没有黑夜的衬托，白昼的光辉也无法显得如此耀眼。同样，没有失败的经历，我们也就无法真正体会到成功的喜悦。

阴阳的消长与转化也为我们揭示了生活的真谛。在生活中，我们会经历各种起伏和变化，但关键在于如何调整自己的心态，去适应这些变化。

正如《黄帝内经》所说："重阴必阳，重阳必阴。”在人生的低谷中，我们不应该失去信心，因为黑暗过后必然是黎明；而在人生的巅峰时刻，我们也不应骄傲自满，因为物极必反，高潮之后必然是回落。

学习阴阳的哲学观念，不仅可以帮助我们更好地理解自然界和人生的规律，还可以引导我们在生活中保持一种平和的心态，去应对各种挑战和变化，实现内心的和谐与平衡。

阴阳之道：探寻智慧人生的平衡艺术

《道德经》有言："道生一，一生二，二生三，三生万物。"这句话深刻揭示了宇宙万物生成与演化的奥秘，同时也蕴含了丰富的阴阳智慧。

一切始于道。道作为宇宙的本源，孕育了最初的一，即混沌未分的状态。随后，一分化为二，象征着阴阳的分离与对立，如天地、昼夜、寒暑等自然现象，皆是阴阳之道的体现。

二生三，并非简单的数量递增，而是指阴阳交互作用下产生的和谐与多样。三在这里代表了一种动态的平衡与创造力，它超越了简单的二元对立，是万物得以孕育、生长与变化的关键。正是这种三元的和谐状态，促成了万物的生生不息，构成了丰富多彩的世界。

在现实生活中，我们可以从多个角度看到这一阴阳智慧的体现。比如，在个人成长中，每个人都会经历顺境与逆境，成功与失败，这些看似对立的经历实则是阴阳交替的必然过程。正是这些经历让我们学会了坚韧与谦逊，促进了我们心智的成熟与能力的提升。

又如，在团队合作中，不同的观点与性格如同阴阳两极，虽然可能产生摩擦与冲突，但正是这些差异性的存在，激发了团队的创造力与凝聚力，推动了项目的成功与团队的发展。

阴阳并不是一种神秘的力量或超自然的存在，而是生活中普遍存在的智慧。它提醒我们要关注生活中的对立与统一，学会在矛盾中寻求平衡和和谐。

我们应该学会在阴阳之间找到平衡，既要勇于面对挑战与困难，也要珍惜与享受生活中的美好与宁静。只有这样，我们才能在复杂多变的世界中保持内心的平静与坚定，不断前行，在人生的旅途中收获更多的成长与幸福。

纵横捭阖：鬼谷子的阴阳哲学与人生智慧

鬼谷子是战国时期的杰出思想家，道家的重要代表人物，也是纵横家的鼻祖。他深居简出，隐居在鬼谷之中，常年进山采药修道，因而被尊称为“鬼谷先生”。他的学派深受老子思想的影响，是道家老学五派之一。

两千多年来，鬼谷子的影响力深远，兵家视他为圣人，纵横家尊他为始祖，道教则将他与老子并列，尊其为王禅老祖。鬼谷子的一生中只下过一次山，但他所收的四位徒弟——庞涓、孙膑、苏秦、张仪却都成为历史上赫赫有名的人物。

鬼谷子的核心思想是“纵横捭阖”。捭阖即是开阖，意味着开放与闭合、积极与消极之间的平衡与转换。鬼谷子认为，这种一开一合是事物发展变化的普遍规律，是理解和掌握事物变化的关键。纵横家正是以这种开合之道作为权变的根据，指导自己的行动和决策。

“捭阖”二字的起源可以追溯到孔子的《易经·系辞大传》，“阖户谓之坤，辟户谓之乾，一阖一辟谓之变，往来不穷谓之通。”意思是，关闭门户为“阖”，打开门户为“辟”，一阖一辟就是变化，而这种变化是无穷无尽的，是通达之道的体现。

鬼谷子为何特别强调“捭阖第一”呢？这是因为在他看来，“开”代表阳，而“闭”则是阴。阖辟是阴在先，阳在后；而捭阖是阳在先，阴在后。

“捭阖第一”就是强调阳先阴后，阳可以降伏阴的道理。鬼谷子旨在告诫人们，在学习兵法和谋略时，要始终保持积极向上的态度，行事光明磊落、坦荡无私。

阴阳相融：自然界的智慧与人生的和谐追求

《道德经》有言："万物负阴而抱阳，冲气以为和。"这句话如同一股清泉，滋养着后世对于和谐、平衡与共存的理解。它不仅描绘了自然界万物生长的奥秘，更深刻地揭示了人生处世的一种理想状态。

"万物负阴而抱阳"，意指世间万物都蕴含着阴与阳两种相反相成的力量。阴，代表着柔和、内敛、沉静；阳，则象征着刚健、外放、活跃。万物在生长过程中，都不可避免地承载着这两种力量的交织与互动。正是这种动态的平衡，构成了生命的活力与多样性。

"冲气以为和"，则是说阴阳两气在相互碰撞、交融的过程中，产生了和谐之气。这里的"冲"，不是简单的冲突或对抗，而是一种充满活力的交流与融合。当阴阳两气达到一种动态的平衡状态时，便产生了和谐，万物得以在这种和谐中生长、发展。

道家学派的创始人老子便是将这一哲理融入生活实践的典范。老子一生致力于探索宇宙人生的真理，他提出的“道法自然”“无为而治”等思想，无不体现了对和谐之道的深刻领悟。

老子认为，宇宙万物都遵循着自然的法则运行，而和谐则是这一法则的核心体现。他倡导人们应该顺应自然、遵循规律，以平和的心态去面对生活中的一切。无论是治国理政还是个人修养，都应该追求一种“无为而治”的境界，即在不刻意干预的情

况下，通过自然的力量达到和谐与平衡。

老子一生淡泊名利、与世无争，以平和的心态面对人生的起伏与变迁。他的思想深邃而广博，不仅影响了后世无数文人墨客和思想家，更为我们提供了一种独特的人生智慧。

无论是顺境还是逆境，我们都应该保持内心的宁静与坚定，以和谐为目标去调整自己的心态和行为。同时，我们也应该认识到，和谐并非一蹴而就的结果，而是需要不断修炼与努力。我们要尊重他人、理解他人，以宽广的胸怀去接纳不同的声音和观点，这样才能实现人生的和谐与美好。

中和之道：人生与世界的和谐共鸣

《中庸》有言："中也者，天下之大本也；和也者，天下之达道也。致中和，天地位焉，万物育焉。"这句话深刻地揭示了"中"与"和"在人生哲学及宇宙秩序中的核心地位。

简而言之，"中"是万物存在的根本原则，代表着平衡与适度；"和"则是宇宙间通行的道理，象征着和谐与统一。当我们达到"中和"的境界时，天地各安其位，万物得以繁衍生息。

"中"，不仅仅是一个地理位置上的中点，更是一种精神层面的平衡与和谐。在为人处世中，"中"意味着不偏不倚，不极端，能够理性地看待问题，做出恰当的决策。它要求我们在面对诱惑与挑战时，

保持内心的平静与坚定，不被外界所左右。

“和”，则是宇宙万物共存共荣的基础。它强调的是不同元素之间的协调与融合，而非对立与冲突。在人际关系中，“和”表现为相互尊重、理解与支持，能够化解矛盾，增进友谊。在社会层面上，“和”则是不同文化、不同国家之间相互包容、共同发展的前提。

提及“中和之道”，不得不提儒家学派的创始人——孔子。孔子一生致力于传播“仁”与“礼”的思想，而“仁”与“礼”正是“中和之道”在人际交往中的具体体现。

孔子认为，“中庸之为德也，其至矣乎！”他强调中庸之道是道德修养的最高境界。在孔子看来，中庸并非折中主义或平庸无能，而是一种在复杂多变的社会环境中保持内心平衡与和谐的智慧。他倡导人们在处理问题时既要考虑自己的利益，也要兼顾他人的感受；在追求目标时既要勇于进取，也要懂得适可而止。

孔子的教育理念也充分体现了“中和之道”。他主张“有教无类”，即不论学生的出身贵贱、智愚贤否，都应平等地接受教育。在教学过程中，孔子注重因材施教、循循善诱，力求使每个学生都能得到最大限度的发展。这种教育理念不仅促进了学生的全面发展，也维护了教育领域的和谐与稳定。

“中和之道”不仅是传统文化的精髓，更是我们现代人应该追求的人生哲理。它提醒我们，在快节奏、高压力的现代生活中，不要忘记寻找内心的平静与和谐，以更加宽容、理解的心态去面对生活中的挑战与变化。

白贲之道：在纷扰中寻找内心的宁静

我们有时会陷入一种错觉，仿佛自己拥有无尽的智慧，能够洞察一切，掌握命运。然而，历史与现实无数次证明，过度的聪明和算计往往会适得其反，使我们在追求成功和完美的道路上迷失自我，甚至付出沉重的代价。

正如《红楼梦》中王熙凤的判词所言：“机关算尽太聪明，反误了卿卿性命。”做人不必过于聪明，太精明算计只会让我们陷入得失的纠结之中，失去了生活的本真和乐趣。

《易经》有言：“白贲，无咎。”这里的“白”指的是素色、本色，“贲”则是装饰、文饰的意思。“白贲”即不加修饰而文饰，表示事物的本质或原色。

“无咎”意为没有过错、没有灾难。白贲无咎象征着经历繁华后归于平淡，人们应该追求内在的本质和真实，而非外在的装饰和修饰。

白贲无咎是一种境界，它并非要求我们一无所知，而是应该保持一颗单纯真诚的心，不被外界的纷扰所迷惑，不被欲望所驱使。这种境界也不是要求我们放弃追求和梦想，而是在追求的过程中保持平和的心态，不被结果所左右。

在人生的舞台上，我们不需要时刻展现自己的聪明和才华。有时候，沉默和微笑反而能够传递出更多的力量和智慧。

虚己之道：心无挂碍，自在如风的豁达之道

《庄子》有言：“人能虚己以游世，其孰能害之。”一个人如果听任外物、处世无心而自由自在地遨游于世，那还有谁能够伤害他呢？其中，“虚己”的意思是自己不重要，只要不把自己看得太重，就无人能让自己愤怒。

有一位名叫士成绮的学者，他听闻老子智慧超群，便不远千里前来拜访。然而，当看到老子居住的环境杂乱不堪时，他大失所望，甚至出言不逊，将老子比作老鼠。这种态度不仅显示了他的浅薄和无知，更暴露了他对他人和事物的片面理解。

老子对士成绮的言辞并未做出过激反应，而是平静地告诉他，自己早已将虚名视为过眼云烟，更

何况是别人对他的种种评价。这种态度让士成绮深感惭愧，也让他重新审视自己的行为和言论。

我们不应该把别人看得太重，也不应该把自己看得太重。当我们过于关注他人的评价和看法时，往往会失去自我，甚至迷失方向。同样，当我们过于自负和自满时，也容易陷入盲目和骄傲之中。

我们应该学会保持一颗谦虚和平和的心态，尊重他人，不轻易评判和贬低他人。同时，我们也要正确认识自己，不要过分夸大自己的能力和价值。只有这样，我们才能在与人相处中保持和谐，在追求个人成长的道路上不断前进。

第三章

厚德：谦谦君子，卑以自牧

谦逊之道：以卑微姿态经营自我的人生

《易经》有言：“谦谦君子，卑以自牧也。”一位真正的君子应该具备谦卑的心态，以自我约束和自我管理为准则。这里的“牧”字，意味着守护和管理，而“卑以自牧”则是指用谦卑的态度来守护和管理自己。

在《易经》的六十四卦中，只有谦卦独树一帜，其六爻均呈现吉象，而其他卦象则吉凶参半。这一独特之处凸显了《易经》对谦德的极高评价。无论是治理天下、守护国家，还是保全个人，谦逊都扮演着至关重要的角色。

萧何，初为沛县小吏，与刘邦相交甚笃。在刘邦起义反秦、逐鹿中原的过程中，萧何始终以其卓越的才能和谦逊的品格，默默支持着刘邦。他不仅在后方稳固粮草，确保军队无后顾之忧，更在关键时刻屡出奇谋，助刘邦化险为夷。

然而，面对胜利与荣耀，萧何从未有过丝毫的骄矜与懈怠，他始终保持着“卑以自牧”的态度，严于律己，宽以待人。当刘邦建立汉朝，论功行赏时，群臣皆争功不已，唯有萧何退居其后，自谦不足以居高位。

这种谦逊非但没有削弱他的威望，反而赢得了刘邦的更多信任和朝野上下的普遍尊敬。刘邦曾言：“镇国家，抚百姓，给馈饷，不绝粮道，吾不如萧何。”这是对萧何才华与品德的最高赞誉。

萧何的一生，是“谦谦君子，卑以自牧”的生动写照。在权力与地位面前，萧何选择了谦卑与自我约束。这种选择让他成为历史上一位杰出的政治家，也为后人树立了光辉的榜样。

无论身处何种境遇，永远保持一颗谦逊的心，这才是通往成功与幸福的重要法宝。它让我们在得意时不忘形，在失意时不失志，以更加平和与理性的态度去面对人生的起起伏伏。

君子之道：言信行谨，诚存于世

《易经》有言："庸言之信，庸行之谨，闲邪存其诚，善世而不伐，德博而化。"这句话是对君子行为准则的全面概括。真正的君子不仅要在言语上诚实可信，在行动上谨慎稳重，还要保持内心的真诚与正直，同时积极造福社会而不求名利，通过自己的道德修养来影响和教化他人。

清代名臣张廷玉以其高风亮节，为我们上了一堂生动的人生哲理课。某天，张廷玉携子造访同僚府邸，期间，府内一幅画作以其独特的韵味吸引了张廷玉的注意，他随口赞叹了几句。这本是文人雅士间寻常的交流，却不料其子敏锐地捕捉到父亲对画作的喜爱之情。几日后，那幅画竟悄然挂在了张廷玉府邸的墙上。

面对这不期而至的“礼物”，张廷玉并未露出丝毫喜悦，反而怒不可遏。他深知，这背后是儿子未经允许便索求他人之物的行为，是对他人尊重的缺失，更是贪婪之心的显露。于是，他严厉地训斥了儿子：“我无介溪之才，你有东楼之好。”

张廷玉是在用历史上著名的奸臣严嵩及其子严世蕃作为反面教材，告诫儿子不可重蹈覆辙。介溪指的是明朝嘉靖年间的宰相严嵩，他以权谋和贪污著称，但也有着深厚的文学造诣和书法水平。东楼是严嵩之子严世蕃的号，他凭借父亲的地位和权威，贪污受贿，作恶多端，最终被处斩。

张廷玉自谦地表示自己没有严嵩那样的权谋和

才能，并指责儿子有严世蕃那样的恶习，即不懂礼数，贪图别人的心爱之物，甚至到了抢夺的地步。这一事件，不仅是张廷玉君子行为准则的彰显，更是对后世子孙乃至整个社会的一次深刻教育。

无论身处何种地位，拥有多少财富，保持一颗谦逊谨慎、严于律己的心都是至关重要的。在教育子女时，更应注重培养其正确的价值观和道德观。要让他们明白，真正的成功不仅仅在于名利的积累，更在于人格的完善与品德的修炼。

三不朽之道：量力而行，实现立德、立功、立言

《左传》有言：“量力而行之，相时而动。”在做事之前，首先要评估自己的能力和资源，确保自己具备完成任务的基础条件。同时还需要敏锐地观察和把握时机，选择最合适的机会采取行动。

进一步地，《左传》还提出了“三不朽”的理念，即立德、立功、立言。这一理念强调了道德、功业和学说在人生中的重要性。

在历史的长卷中，岳飞便是将“量力而行”与“三不朽”理念完美融合的典范。岳飞是南宋时期的抗金名将，自幼便展现出非凡的武艺与智慧。

在长期的军旅生涯中，他不断锤炼自己，提升

军事才能，确保在每一次战役中都能精准判断敌我形势。他合理分配兵力，以最小的代价换取最大的胜利。同时，他准确把握战机，多次在敌强我弱的不利局面下，凭借高超的战略眼光和果敢的决断力，转危为安，重创敌军。

岳飞更是立德为先，忠诚国家，孝顺父母，关爱士卒，其高尚的道德品质赢得了广泛的敬仰。他立功无数，率领岳家军北伐中原，收复失地，极大地振奋了南宋军民的抗金斗志，为国家和民族立下了不朽功勋。

而在立言方面，他的《满江红》慷慨激昂，壮志凌云，不仅表达了对国家命运的深切忧虑和收复失地的坚定信念，也激励了一代又一代的中华儿女。

岳飞用自己的行动证明，只有在正确的时机，以合适的方式发挥自身的最大能力，才能成就一番伟业，同时留下永恒的道德光辉、历史功绩和思想遗产。

小人行径：才胜德者的警示录

《资治通鉴》有言：“德胜才，谓之君子；才胜德，谓之小人。”这句话深刻阐述了品德与才能之间的微妙平衡。当一个人的品德高于其才能时，才可以被称为君子。因为品德是一个人行为的基石，引导其正确、高尚地运用才能。相反，如果一个人的才能超过品德，则可能被视作小人。因为缺乏道德约束的才能可能会使人走向邪路，损害他人和社会。

司马懿在军事上有着卓越的才能，多次成功抵御蜀汉和东吴的进攻，展现出高超的政治手腕和军事策略。他还是一位深谋远虑的政治家，能够洞察时局，把握机会，为曹魏政权的稳固和发展做出了重要贡献。

但司马懿的品德却常常受到质疑。他善于伪装和隐藏自己的真实意图，利用权谋和诡计来达成自己的目的，对政敌进行了残酷的打击和排挤。这种行为虽然让他在政治和军事上取得了成功，但也让他在历史上留下了“小人”的骂名。

品德和才能是评价一个人不可或缺的两个方面。一个人如果只有才能而没有品德，就可能会为了个人利益而不择手段，甚至损害他人的利益和社会的稳定。在评价一个人时，我们不能只看其才能的高低而忽视其品德的好坏，这样才能更加准确地判断其价值和意义。

利他之德：水善利万物的生命哲学

《道德经》有言：“上善若水。水善利万物而不争。”水作为自然界中最柔和却最强大的存在，其背后蕴含着不争之智。真正的善行如同水一般，滋养万物，却从不居功自傲，不争不抢，展现了谦卑与包容的至高境界。

在现实生活中，这种不争的智慧体现在许多方面。比如，一位优秀的教师，默默耕耘于三尺讲台，用知识的甘霖灌溉学生的心田，见证着他们的成长与蜕变，却从不计较个人得失。这种无私奉献便是“水善利万物而不争”的生动诠释。

又如，优秀的企业家在商海中航行，一直秉持诚信经营，以产品和服务的质量赢得市场，而非通过恶性竞争排挤对手。这样的企业虽不争一时之利，却能长久立于不败之地，其背后的理念正是对“不争”哲学的深刻理解与实践。

再如，在人际关系中，那些懂得倾听、理解他人，总能在他人需要时伸出援手的人，他们即使不求回报，却往往能收获最真挚的情谊与尊重。这种基于理解和支持的交往方式，正是水一般温柔而强大的力量在人际交往中的体现。

在追求个人价值与成就的同时，我们更应学会以平和的心态面对生活。我们要像水一样温柔地给予，谦逊地接纳，不为一己私利而争斗。如此方能在纷繁复杂的世界中，保持内心的宁静与纯净，活出更加宽广与深邃的人生。

用人之道：急贤重士，不可缓贤忘士

《墨子》有言："入国而不存其士，则亡国矣。见贤而不急，则缓其君矣。非贤无急，非士无与虑国。缓贤忘士，而能以其国存者，未曾有也。"

如果一个国家不珍惜和重用它的人才，那么这个国家终将走向灭亡。当发现有能力、有德行的人才时，如果不及时给予他们机会并重用，那么就会阻碍到国君治理国家的大事。

再也没有什么比重用贤能之士更为紧迫和重要的了，没有这些贤士，就没有人可以和国君一起商议国家大事。如果一个国家怠慢和遗忘了这些贤能之士，却还能继续存在下去，这样的情况是从来没有出现过的。

魏征是唐朝初期的杰出政治家和思想家，他曾在多个朝代任职，但始终未能得到重用。直到他遇到唐太宗，才被发掘并委以重任。

唐太宗深知人才的重要性，他虚心听取魏征的建议，并没有因为魏征的直言不讳而疏远他，反而更加器重他。

因为他知道，只有重用贤能之士，才能治理好国家。在魏征的辅佐下，唐朝的政治清明，经济发展，社会安定，开创了“贞观之治”的盛世局面。

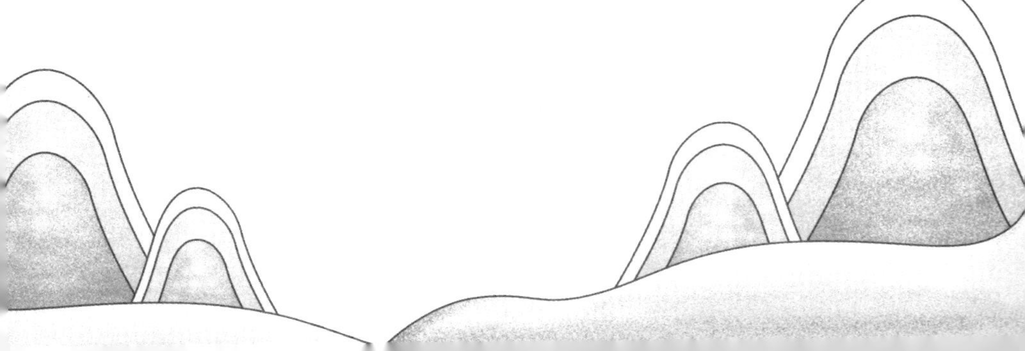

无论是在国家层面还是个人层面，人才都是最重要的资源。一个国家要繁荣昌盛，必须重视人才、善用人才。一个人要取得成功，也必须善于发现和利用自己的潜能，努力成为那个被重用的人。

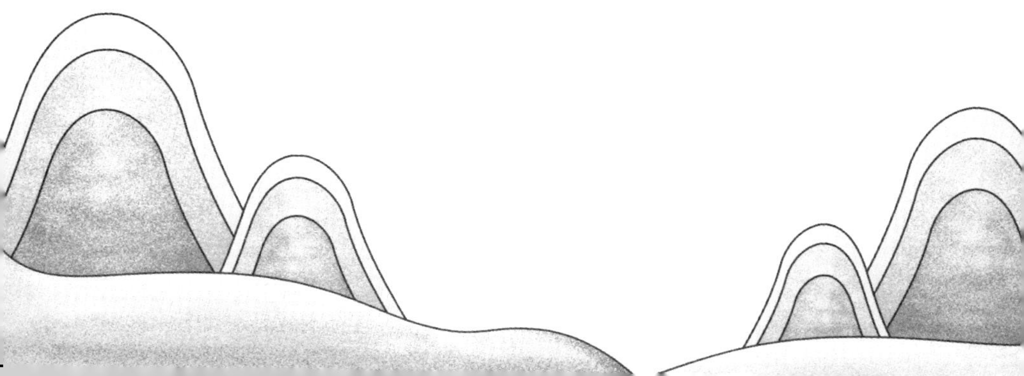

第四章

行善：积善之家，必有余庆

传承之道：以道德传承为基石，富过十代

《易经》有言："积善之家，必有余庆；积不善之家，必有余殃。"一个家庭如果长期坚持做善事，积累善行，那么这个家庭及其后代一定会得到好的回报，即"余庆"。如果这个家庭经常做恶事，积累不善的行为，那么这个家庭及其后代必将遭受不幸，即"余殃"。

在历史的长河中，我们总能找到那些以善为本、以学为基的人物。他们如同明灯，指引着后世子孙。范仲淹便是其中的佼佼者，当他还是少年时，曾拜访一位算命先生询问自己的未来。

他问道："先生，你看我将来能否成为宰相？"算命先生听后颇为惊讶，觉得一个年轻人竟有如此

大的志向。范仲淹见先生诧异，便又问道：“那若不能成为宰相，我是否能成为一名医生？”先生不解其意，询问为何这两个志向相差如此之大。

范仲淹解释说：“我之所以希望成为宰相或医生，是因为这两个职业都能拯救世人。宰相能治国安邦，让百姓安居乐业；而医生则能治病救人，减轻人们的痛苦。我渴望用自己的力量去帮助他人，为社会做出贡献。”

算命先生听后深受感动，他称赞范仲淹有一颗善良的心，并预言他将来必定能成就一番事业。果不其然，范仲淹后来真的官至宰相，为国家做出了卓越的贡献。

我们常说的“富不过三代”其实源自一句古语：“道德传家，十代以上，耕读传家次之，诗书传家又次之，富贵传家，不过三代。”一个家族或者家庭要想保持不断的繁荣富裕，关键是要以道德传承为先导，耕读次之，而富贵只是排在最后。

家庭的兴旺发达不仅在于物质财富的积累，更在于品德的修养和学识的提升。只有拥有善良的心灵和渊博的学识，才能在社会上立足，为家族带来长久的繁荣。

善恶之道：善行难行但必行，恶念易生当速止

《国语》有言：“从善如登，从恶如崩。”向善如同攀登高山，需要坚持不懈；而向恶就如同山体崩塌，瞬间即可发生。

这就像我们学习一样，逆水行舟，不进则退。如果我们不努力前进，就会被水流冲退。同样，我们的心灵也如同在平原上奔跑的马匹，一旦放任它奔跑，就很难再收回缰绳。

历史长河中坚守善道、遏制恶念的典范人物有很多，明代清官海瑞便是一个鲜活的例证。海瑞一生清廉正直，被誉为“海青天”。在那个贪腐成风的时代，他如同一股清流。

他深知，为官一任，造福一方，必须时刻保持对善的追求与坚持，哪怕这条路如同攀登高山般艰难。他以身作则，严于律己，从不接受任何形式的贿赂。即便生活清贫，他也绝不向恶势力低头。

同时，面对官场上的种种不公与腐败，他没有选择沉默或同流合污，而是勇敢地站出来，用自己的行动去揭露和抵制。他上书直言，痛陈时弊，即使因此触怒权贵，面临生命危险，也毫不退缩。他的坚持与勇气，如同一道坚不可摧的防线，遏制了恶念的蔓延。

就像《左传》中所说：“善不可失，恶不可长。”善良的品质和行为是不能丢失的，而邪恶的念头和

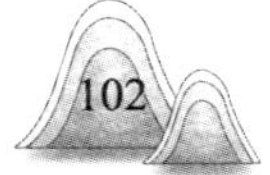

习惯也绝不能滋生蔓延。海瑞用自己的生命诠释了何为真正的善与恶。

无论遇到多大的困难和诱惑，我们都不能放弃对善的追求，更不能让恶念在心中滋生。只有坚守善道，勇于抵制恶行，我们才能赢得他人的尊重与敬仰，也才能让自己的人生充满意义与价值。

风水之道：心善则风水旺，心恶则风水衰

林则徐是清代后期的杰出政治家、思想家，因在虎门销毁鸦片而广为人知，被后世尊为民族英雄。他的《十无益格言》更是让人醍醐灌顶，其中首句“存心不善，风水无益”深刻揭示了人心与运势之间的紧密联系。

风水，作为中国传统文化中的一部分，虽有其独特的文化内涵和价值，但往往被误解为能够左右命运的神秘力量。有些人过分夸大风水的作用，认为只要拥有好的风水，就能让家族繁荣昌盛。这种观念显然是片面的，风水并非万能，它不能替代人的努力和品德。事实上，一个人的命运，更多的是由自己的心态、行为以及努力所决定的。

在人生旅途中，保持一颗善良的心，是走向成功的重要基石。一个心地善良、家庭和睦的人，自然能够吸引到更多的正能量，从而在生活中获得更多的机遇和好运。同样，在一个团队中，如果成员之间互相关心、氛围融洽，那么这个团队也必然能够取得更好的成绩。

相反，如果一个人心存不善、多行不义，那么即使拥有再好的风水，也难以避免遭遇不幸和挫折。因为一个人的行为举止往往会直接影响到他的运势和命运。我们应该时刻保持一颗善良的心，以善心待人、以善念做事，这样才能在人生的道路上越走越宽广。

言善积福：从好好说话开始的人生修炼

人生如同一场旅程，我们所说的话语，往往成为塑造我们命运的画笔。每一句温暖的话语，都如春风拂面，给予他人力量，也为自己积累着福气和好运。正如古人所言，“口吐莲花，富贵一世”。我们的话语中蕴藏着无尽的力量，能够影响自己和他人的命运。

一位黑人出租车司机正载着一对白人母子在路上行驶。这时，孩子天真地问母亲：“为什么司机叔叔的皮肤和我们不一样呢？”母亲微笑着回答：“因为上帝希望世界变得五彩缤纷，所以创造了不同颜色的人。”

这样的回答既解答了孩子的好奇心，又向孩子

传递了平等与尊重的价值观。司机听后深受触动，因为他小时候也曾问过母亲类似的问题，但得到的回答却是“因为我们是黑人，所以注定会低人一等”。司机感慨道，如果当时也有人如此善意地回答他，他的人生或许会有所不同。

良言一句三冬暖。在纷繁复杂的人际往来中，语言的力量往往超乎我们的想象。一句温暖的话语，就如同冬日里的暖阳，能够驱散寒冷，给人带来无尽的温暖与希望。好好说话，意味着我们在交流中始终保持善意和真诚，用温和的语气、鼓励的话语去与他人沟通，让对方感受到我们的尊重和理解。

另外，在人际交往中，我们难免会遇到一些分歧和矛盾。如果我们能够用平和的心态、善意的话语去化解这些矛盾，不仅能够避免冲突升级，还能增进彼此之间的了解和信任。

好好说话是一种人生智慧。它帮助我们在人际交往中更加得心应手，还能在追求幸福和成功的道路上更加顺利。让我们从现在开始，学会用真诚和善意的话语去温暖他人，也为自己积累更多的福气和好运。

心学之道：修身齐家，平天下为己任

王阳明是儒家思想史上一位重要的心学大师。他的“心学”思想体系在哲学领域具有划时代的意义，他主张“心即理”“致良知”和“知行合一”，强调个体内心的修养和实践，认为人的心灵可以自我完善和教育，以达到心灵的完美。他的一生，更是对修身、齐家、平天下理念的深刻践行。

修身，乃人生之基石。王阳明认为，修身在于“致良知”，即回归内心的本真，追求内心的清明与宁静。在纷繁复杂的世界中，人们往往迷失于物欲和名利，而忘记了内心的声音。我们要时常反省自身，涤除心中的尘埃，回归初心，这样才能修身养性，为齐家和平天下打下坚实的基础。

齐家，是修身之延伸。家庭是社会的基本细胞，家庭的和谐稳定对于社会的繁荣进步至关重要。王阳明强调以心治家，即用心去感受家人的需要，以良知去化解家庭矛盾，营造和谐的家庭氛围。

平天下，是修身齐家的最终归宿。王阳明认为，平天下在于以良知治理天下，即以心治天下。在治理国家的过程中应该以民为本，以良知为准则，为民众谋求福祉。

王阳明的一生，是对修身、齐家、平天下理念的深刻践行。他的人生智慧，值得我们每个人去学习和借鉴。

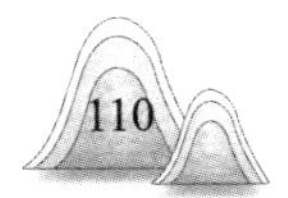

家翁之道：装聋作哑的智慧艺术

《资治通鉴》有言："不痴不聋，不作家翁。"有时候装糊涂，睁一只眼闭一只眼也是一种智慧。这句话以一种幽默而富有哲理的方式，揭示了长辈在处理家庭问题时应有的宽容与智慧。

痴和聋并非真正的愚昧或无视，而是强调适时地装聋作哑，以包容之心化解矛盾，维护和谐，是成就一个温馨家庭的重要法则。

在家里，父母或长辈往往扮演着"家翁"的角色。他们不仅是家庭的支柱，更是情感的调和者。面对子女间的争执、夫妻间的摩擦，乃至家族内部的种种分歧，若事事计较，针锋相对，只会让家庭氛围紧张，亲情受损。

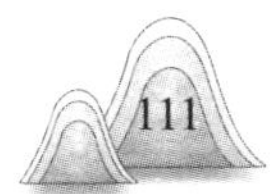

此时，“装聋作哑”便成了一种高超的处世哲学。它要求家翁在关键时刻，能够以一种超然物外的态度，对琐碎小事不必过分追究，对无心之过选择宽容原谅。

这种“痴聋”并非逃避责任，而是一种智慧的选择。它让家翁能够站在更高的视角，审视家庭的整体利益与长远发展，避免因小失大，破坏家庭的和睦与团结。

同时，它也教会我们，在人际关系中，给予彼此一定的空间与自由，是建立深厚情感与信任的基础。大海之所以广阔，是因为它能容纳百川；家庭之所以温馨，是因为每个成员都能相互包容，共同成长。

“不痴不聋，不作家翁”是一句充满智慧的人生箴言，我们要学会以一颗包容的心去面对生活中的种种挑战与纷扰。只有这样，我们才能在家庭、职场乃至社会的各个角落，收获和谐、幸福与成功。

规矩之基：奠定孩子成长的基石

《孟子》有言："不以规矩，不能成方圆。"规和矩是画圆和画方形或直角的工具。没有规和矩，就无法画出标准的圆形和方形。我们做任何事情都要遵循一定的法则、标准、规范或习惯，这样事物才能保持其应有的形态和秩序。

规矩如同坚实的基石，支撑着我们前行的方向。尤其对于孩子们而言，规矩更是他们成长道路上不可或缺的一部分。有句古话说："树欲静而风不止，子欲养而亲不待。"同样地，教育孩子要立规矩，也应趁早而行。

孩子们从 2 岁开始咿呀学语，对世界充满好奇时，正是为他们立下基本规矩的最佳时机。这个阶

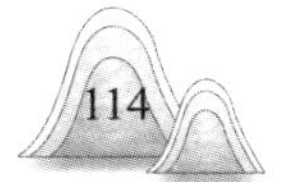

段，他们的理解能力、语言表达能力都在飞速发展，自我意识也在悄然萌芽。

等孩子到了 2~6 岁这一年龄阶段，他们会如同海绵一般吸收着周围的一切。他们的性格、行为习惯大多就在这一时期形成。我们常说“3 岁看大，7 岁看老”，这并非空穴来风，而是基于对孩子成长规律的深刻洞察。

那么，如何为孩子立规矩呢？这确实是一门艺术。首先，规矩要早立，如同播下种子，越早越好。其次，我们要给予孩子选择的权利，让他们在规矩的框架内，学会自我管理和决策。再者，规矩并非一成不变，它应具有灵活性，能够随着孩子的成长和环境的变化而调整。

此外，我们也要允许孩子磨蹭。有时候，他们可能会因为各种原因而拖延，但这正是他们学习如何管理时间、如何面对挑战的过程。

最后，我们要以身作则。言传不如身教，我们的所言所行才是孩子最好的榜样。

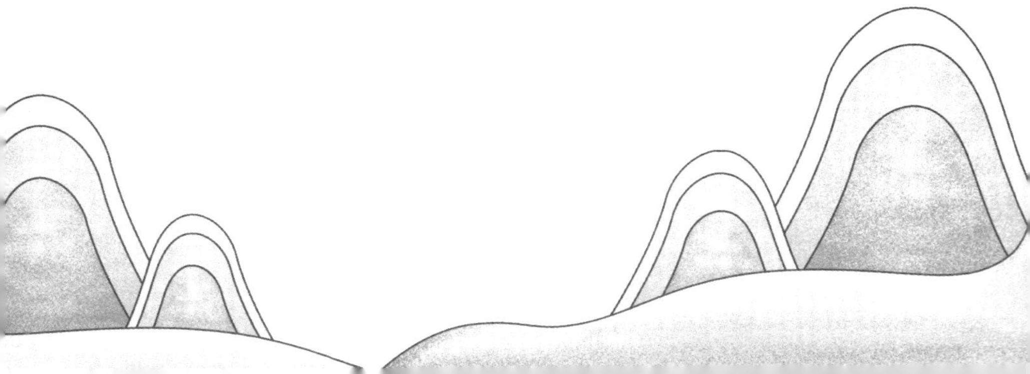

立规矩的过程，既是对孩子的引导，也是对他们的尊重。让我们携手为孩子们种下规矩之树，让它在孩子童年的土壤中茁壮成长，成为他们未来人生的坚实支撑。

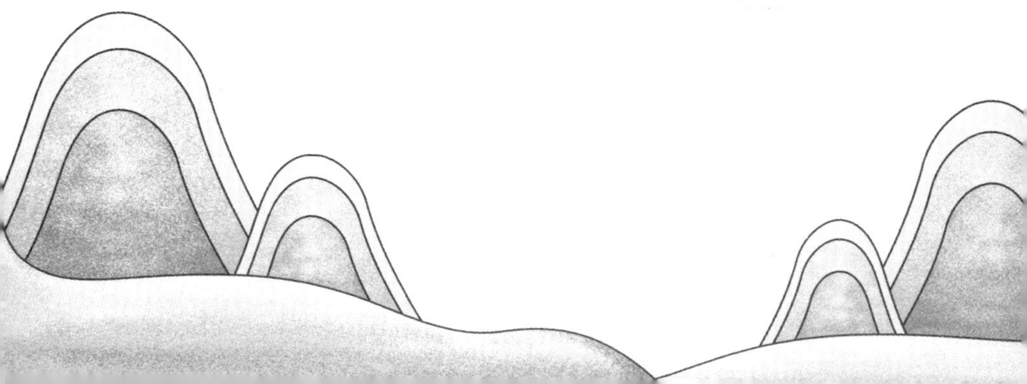

第五章

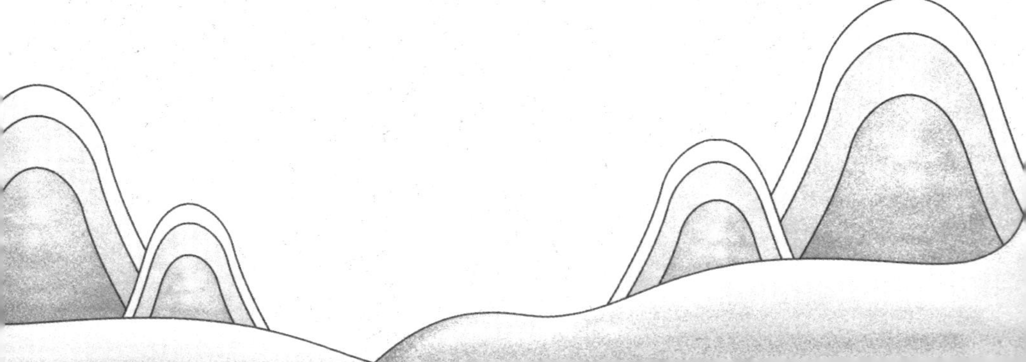

处世：独立不惧，遁世无闷

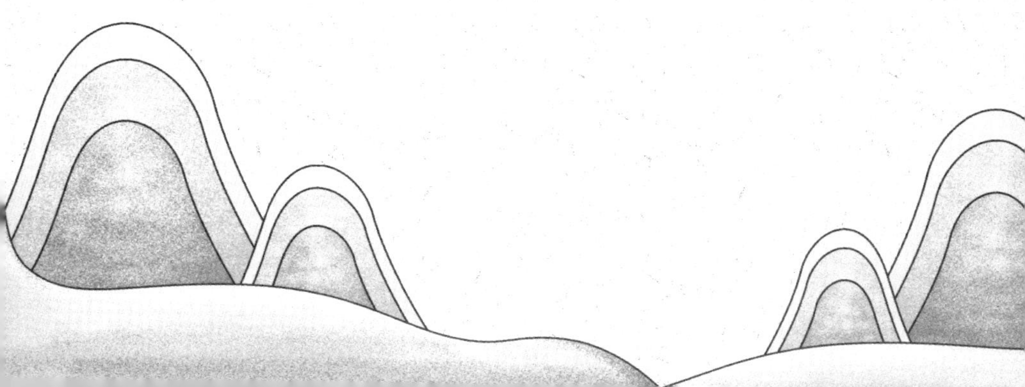

君子风范：勇者无惧，智者无闷

《易经》有言："君子以独立不惧，遁世无闷。"这句话强调了君子的两个重要品质。一是"独立不惧"，意味着君子应当具备独立思考和行动的能力，不随波逐流，不畏惧任何困难和挑战。二是"遁世无闷"，即使在遭遇逆境或不被世人理解时，君子也能保持内心的平和与宁静，不为外界所动摇。

在历史的长河中，唐代诗人刘禹锡便是"独立不惧，遁世无闷"的生动写照。刘禹锡一生仕途坎坷，多次因政治改革而遭贬谪，远离京城，居于偏远之地。

面对仕途的失意与生活的艰辛，刘禹锡并未因此沉沦或愤世嫉俗，反而以诗酒自娱，寄情山水，展现了非凡的独立精神与超然物外的豁达。

在巴山楚水间，刘禹锡写下了“沉舟侧畔千帆过，病树前头万木春”的千古名句。这不仅是对自然景象的描绘，更是他内心坚韧不拔、乐观向上的真实写照。他深知世事无常，却能在逆境中保持独立思考，不被一时的挫折所击垮，展现出“独立不惧”的君子风范。

而当他身处陋室，面对世俗的冷眼与嘲讽时，刘禹锡则以“斯是陋室，惟吾德馨”自勉，表达了自己虽居简朴，但品德高尚、内心富足的情怀。这种在遁世之中仍能保持内心平和与宁静的态度，正是“遁世无闷”的深刻体现。

刘禹锡的一生，是对“独立不惧，遁世无闷”最好的诠释。他告诉我们，无论外界环境如何变化，只要内心坚定，保持独立思考与高尚品德，就能在人生的风雨中稳步前行，找到属于自己的宁静与光明。这种精神，不仅是古代君子的追求，更是现代社会中每个人应当秉持的宝贵品质。

恐惧修省：走向成熟与坚韧的必经之路

《易经》有言：“君子以恐惧修省。”这里的“恐惧”并非害怕，而是君子内心深处对道德和原则的敬畏。正是这份敬畏，让他们始终坚守自己的底线，不断反思和修正自己的言行。

唐太宗深知治理天下的艰难与责任，他始终怀有一种对天下苍生的敬畏之心，以及对国家安危的深深忧虑。他常说：“人言作天子则得自尊崇，无所畏惧，朕则以为正合自守谦恭，常怀畏惧。”这句话深刻体现了他“君子以恐惧修省”的治国理念。

唐太宗在治理国家时，每思一言一行，必上畏皇天、下惧百姓。他时刻反省自己的行为是否符合天道的准则，是否符合百姓的利益。他深知自己的权力来自百姓的信任和授权，因此他始终保持着一种谦逊和谨慎的态度，时刻提醒自己要以身作则，修身省过。

唐太宗的治国策略中，最为人称道的就是他的“纳谏”精神。他鼓励臣子们直言不讳地指出他的过错和不足，他深知“兼听则明，偏信则暗”的道理。这种开放和包容的治国态度，使得唐朝的政治风气清明，国家安定繁荣。

此外，唐太宗还非常注重自身的修养和学习。勤于政事之余，他也不忘读书学习，以充实自己的知识和智慧。他深知“君子务本，本立而道生”的道理，只有修身养性、提高自身的修养，才能更好地治理国家和服务百姓。

唐太宗以恐惧修省的精神，不仅使他成为一位伟大的帝王，也为后世留下了宝贵的治国经验和精神财富。他的治国理念和策略，对后世产生了深远的影响，成为中国历史上的一段佳话。

处世之道：君子周而不比，小人反之

《论语》有言："君子周而不比，小人比而不周。"这句话以简洁的文字，揭示了君子与小人在处世态度上的本质区别。君子团结众人而不搞勾结，小人则相反，他们喜欢勾结而不真正团结。

"周"在这里意味着团结、包容，而"比"则指的是勾结、偏袒。君子在与人相处时，总是以公正、坦诚的态度去团结周围的人。他们不会因为个人的私利而偏袒某一方，也不会因为某种关系而搞小团体。

相反，小人则常常为了个人的利益或某种目的而勾结在一起，他们之间的关系往往是基于利益的交换，缺乏真正的信任和团结。

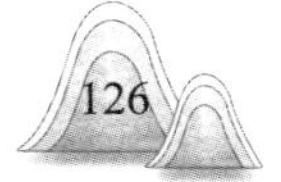

唐朝的狄仁杰与来俊臣就是一对鲜明的对比。狄仁杰作为一位公正无私的官员，他始终以国家和人民的利益为重，不畏强权，敢于直言进谏。

他在处理案件时，总是以事实为依据，以法律为准绳，从不偏袒任何一方。因此，他赢得了广泛的尊敬和信任，被誉为“唐室砥柱”。

而相比之下，来俊臣则是一个典型的小人。他为了个人的权力和地位，不惜勾结奸佞，陷害忠良。他利用手中的权力，制造冤案，残害无辜。

他的行为不仅损害了国家和人民的利益，也破坏了社会的和谐与稳定。最终，他落得个身败名裂

的下场，被历史所唾弃。

狄仁杰与来俊臣生动地诠释了“君子周而不比，小人比而不周”的处世哲学。在与人相处时，我们应该像君子一样，以公正、坦诚的态度去团结周围的人，而不是像小人那样为了私利而勾结在一起。只有这样，我们才能赢得他人的信任和尊重，也才能在社会中立足并发展。

同时，我们要时刻保持清醒的头脑，坚守自己的道德底线。在面对各种诱惑和挑战时，我们要坚守正义和良知，不被小人的言行所左右。只有这样，我们才能成为一个真正的君子，也才能为社会的进步和发展贡献自己的力量。

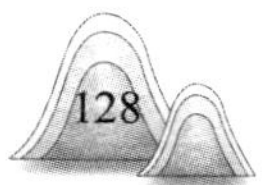

内心平静：不强加于人，不执着己见

《庄子》有言："井蛙不可以语于海者，拘于虚也；夏虫不可以语于冰者，笃于时也；曲士不可以语于道者，束于教也。"

在人生的旅途中，我们时常会遇见形形色色的人和事。如同庄子所言，井底的青蛙只知井口之天，夏日的虫豸只知酷暑之热，他们的世界被局限在了一隅之中。我们不应试图与那些眼界狭窄、经历有限的人深入讨论超越他们理解范畴的话题。

然而，这并不意味着我们应该对他们抱有偏见或轻视。每个人的生活背景和经历都是独一无二的，这决定了他们对世界的认知和理解。与其争执不休，试图改变他们的观点，不如学会尊重和理解。毕竟，每个人的成长和进步都需要时间和机会。

庄子深谙人生之道，他明白每个人的心中都有一片属于自己的天地。因此，他从不将自己的观点强加于人。这种宽容和包容的态度，不仅是对他人的尊重，更是对自己的一种修行。在纷繁复杂的世界中，我们也需要学会这种宽容和包容，以平和的心态面对生活中的一切。

正如明末清初文学家、戏曲家李渔在《闲情偶寄》中所言："略带三分拙，兼存一线痴。微聋与暂哑，均是寿身资。"

保持一点笨拙，同时心存一份执着，适时地不

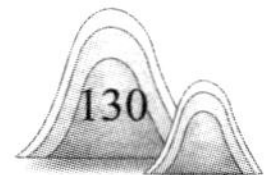

听、不说，这些都有助于身心健康、延长寿命。在生活中，适当的退让和沉默反而是一种智慧。我们不必事事计较，不必强求他人与我们一致。有时候，保持一颗平和、谦逊、包容且懂得适时进退的心，反而能够让我们走得更远。

独立而不群：成熟者的处世哲学

古人有言："夫唯大雅，卓尔不群。"真正高雅的人，能够超越常人，独自卓立，不随波逐流，展现出非凡的气质与品格。这句话强调了个人修养的高尚与独特，以及在世俗中保持独立见解和人格魅力的重要性。

在东晋末年至南朝宋初，有这样一位文人，他以淡泊名利、归隐田园的生活态度，以及清新自然、意境深远的田园诗作，成为"夫唯大雅，卓尔不群"的生动诠释者——他就是陶渊明。

陶渊明出身于没落的仕宦家庭，少时便有"猛志逸四海，骞翮思远翥"的大志。然而，看到仕途的坎坷与官场的黑暗，他逐渐对现实感到失望与厌

倦。最终，他选择了辞官归隐，投身于田园生活之中，以诗酒自娱，与自然为伴。

陶渊明找到了心灵的归宿与创作的源泉，他的《归园田居》《桃花源记》不仅描绘了田园风光的美丽与宁静，更寄托了对理想社会的向往与追求。这些诗作以独特的艺术风格与深刻的思想内涵，赢得了后世读者的广泛赞誉。

真正的“大雅”与“不群”，并非功成名就、位高权重，而是在于内心的纯净与高尚、对自由与真理的不懈追求。他用自己的行动证明了，即使身处逆境，只要保持独立的人格与高尚的情操，依然能够活出自我、成就非凡。

不党与利交：君子与小人的道德选择

在历史的长河中，有些人物因其独特的经历与选择，而成为后人争议的焦点。冯道，这位跨越了周、晋、汉、唐四个朝代，并在政治舞台上长袖善舞的人物，便是其中的一位。他的生存智慧与处世之道成为后人研究的课题。

对于冯道，不同的人有不同的评价。欧阳修与司马光，这两位历史上的名臣都对他提出了批评。他们认为冯道缺乏忠诚，频繁地更换效忠的对象，是一种不道德的行为。

然而，王安石与苏东坡却对冯道持有不同的看法。他们认为冯道的行为，正是其处世智慧的体现，

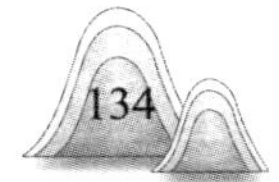

是一种能够洞察世事、顺应时势的能力。

冯道曾经留下一本名为《荣枯鉴》的著作，其中蕴含了他对人生与社会的深刻洞察。在这本书中，他写道："君子不党，其祸无援；小人利交，其利人助也。"这句话虽然简短，却道出了人生的真谛。

真正的君子不会为了个人的利益而结党营私，因为他们知道，这样做最终只会给自己带来祸害。而小人则不同，他们善于利用人际关系，通过结交利益相同的人来达到自己的目的。

在当今社会，我们依然可以从冯道的这句话中汲取智慧。我们应该学会独立思考，不随波逐流，更不能为了迎合他人而牺牲自己的原则。同时，我们也要学会与他人建立良好的关系，但这并不意味着要放弃自己的底线和原则。

透视肤浅：人生智慧中的低调与内敛

在复杂多变的人性世界中，我们每个人都有着独特的个性和特点，与此同时也共享着一些普遍存在的弱点。这些弱点，有时让我们在追求成功和幸福的道路上偏离方向，甚至陷入困境。其中，肤浅的行为特征尤为值得我们警惕。

1. 好谈己长

这类人总是炫耀自己长处的人，他们或许在某个领域确实有所成就，但过度的自我吹嘘只会暴露他们的浅薄。北宋文学家王安石的《伤仲永》就是为后人警示“好谈己长”之弊的最佳教材。方仲永天赋异禀，5 岁就能作诗，父亲便四处炫耀他的才华，使得他没有机会接受正规的教育，更是磨灭了进取心和学习动力，最终这位神童沦为普通人。

2. 骄傲自满

常常表现为对自我能力的过度评估和对他人努力的轻视，他们不再追求进一步的成长和进步，最终迷失方向，付出惨痛代价。关羽以忠诚勇猛、武艺高强而著称，他常常以“武圣”自居，认为自己天下无敌。这种心态使得他表现出傲慢和自负的态度，在荆州之战中没有听取谋士的建议，也没有与盟友孙权保持紧密的合作关系，最终在曹军和孙权的联合夹击下兵败被俘。

3. 过度夸耀财富或地位

一些见识浅薄、内心空虚的人往往喜欢夸耀自己的财富或地位。这种行为往往源于他们内心的不安和自卑，试图通过外在的炫耀来弥补内心的不足。

然而，这种做法往往适得其反。真正的尊重和认可来自一个人的内在品质、能力和成就，而不是外在的财富或地位。

正如诸葛亮所说：“非淡泊无以明志，非宁静无以致远。”真正的智者不会过分追求物质上的满足，而是更注重内心的平静和满足。我们应该警惕这些肤浅的行为特征，保持谦逊和低调，学会珍惜和感恩，努力成为有深度、有内涵的人。

智者不言：面对诽谤的沉默哲学

《三国志》有言："救寒莫如重裘，止谤莫如自修。"御寒没有比厚皮衣更好的东西，避免别人毁谤没有比自己养成良好习性更好的办法。

每个人都难免会遇到他人的无理指责和诽谤，这些声音可能源于嫉妒、误解，或是纯粹的无知。面对这些负面言论，我们该如何自处，如何保持内心的平和与坚定，这成为一个值得深思的问题。

心学大师王阳明在平定宁王朱宸濠的叛乱后，也遭遇了类似的困境。他的成功与声望引来了无数的诽谤和议论，但他却选择了不予争辩，将全部心思投入自我修养和传承学问之中。他的这种态度，展现了一种非凡的胸怀和智慧。

王阳明深知，一个人的价值并不取决于他人的评价，而在于自己的内心修养和学识。当面对无理的指责和诽谤时，争辩往往只会陷入无休止的争执之中，而真正的智慧在于保持内心的平静和坚定。

正如王阳明所说，“浊者自浊、清者自清”。真正有品德的人，即使面对再多的诽谤，也无法改变其本质。我们也应该学会这种态度，不要掉入自证陷阱。当面对他人的无理指责时，我们不必过于在意，更不必急于争辩。

相反，我们应该将更多的精力投入自我修养和成长之中。通过不断地学习、思考和实践，逐渐提高自己的能力和品质，从而赢得更多人的尊重和认可。

同时，我们也应该学会用一颗宽容的心去对待他人的指责和诽谤。毕竟，每个人都有自己的立场和观点，我们无法强求所有人都对自己满意。但是，只要我们注重自我修养和品德提升，那么谣言和诽谤自然会不攻自破。

共鸣之音：同声相应，同气相求的人生哲学

《易经》有言：“同声相应，同气相求。”同样的声音能产生共鸣，同样的气味会相互融合。这句话更多是一种比喻，简单而深刻地揭示了人与人之间的相互影响力。

志趣、意见相同或相近的人会互相响应、互相吸引，自然地结合在一起。“物以类聚，人以群分”也是类似的道理。

战国时期，齐宣王曾让辩士淳于髡为他推荐贤士。淳于髡一天之内就推荐了七位贤人，这让齐宣王颇感惊讶，甚至怀疑是否有滥竽充数之嫌。

但淳于髡的回答却充满智慧：“鸟有鸟类，兽有

兽类，正如只能在山上采到柴胡一样，人才也各有其类。我之所以能够推荐这么多贤士，是因为我常与贤人往来，自然能够识别并推荐他们。”

再来看大鹏和麻雀的例子。大鹏志向高远，渴望在广阔的天空中翱翔，而麻雀则满足于在树梢之间盘旋飞跳。这两种截然不同的生活态度，就像两个不同世界的人，他们无法理解对方的追求和选择，因此也难以同行。

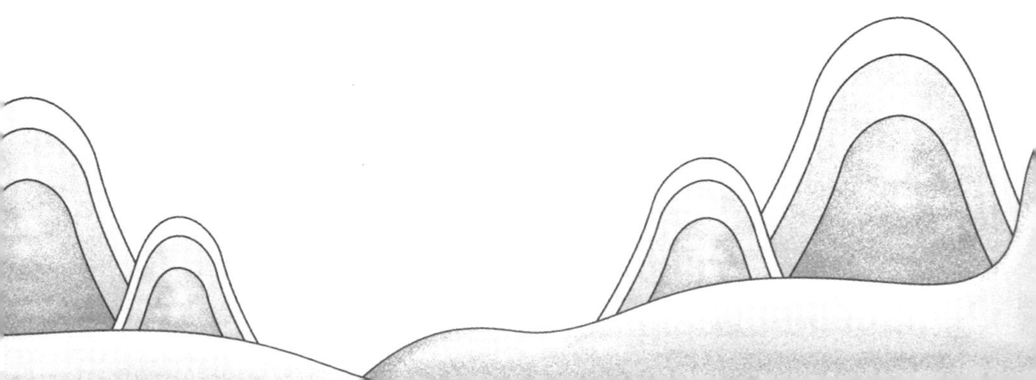

人们往往会因为共同的价值观、兴趣或目标而聚集在一起。人生道路上，我们需要找到志同道合的人，共同追求一致的目标和理想。同时，我们也要努力成为更好的自己，以吸引那些价值观相符的人。

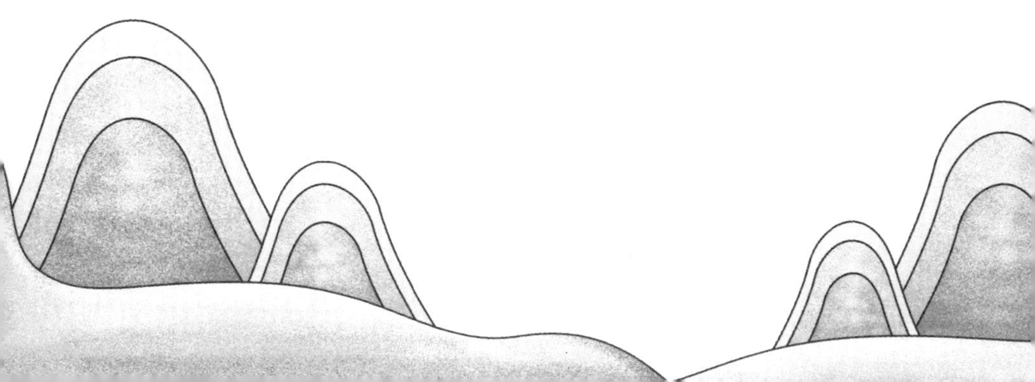

第六章

通透：变动以利言，吉凶以情迁

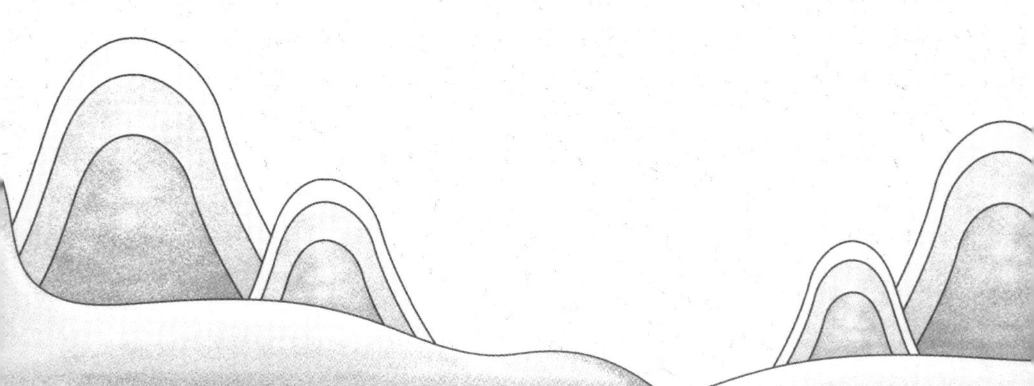

名利之困：从蜗牛触角看人生百态

《易经》有言：“变动以利言，吉凶以情迁。”利益驱动人的行为，而情绪变化带给人吉凶。在喧嚣的尘世中，人们常常为名利所困，仿佛这两个字是人生的终极目标。然而，名利真如我们所想象的那样，能够带来永恒的满足和幸福吗？

名利不过是一场虚妄的追逐。它们如同江河中的漩涡，吸引着我们奋不顾身地投入其中，却往往让我们忽视了真正的价值和意义。在追求名利的过程中，我们或许能够短暂地获得一些满足和快感，但随之而来的是更多的疲惫和空虚。

《庄子》中就有这样一则故事：在蜗牛的左角上有一个国家，名为触氏；蜗牛的右角上也有一个国

家，名为蛮氏。触氏和蛮氏两国经常因为争夺土地而发生战争，战况惨烈，伏尸数万。取胜的国家在追逐败军时，甚至需要花费半个月的时间才能返回。

蜗牛触角上的国家虽小，但其争斗的激烈程度并不亚于现实世界中为名利而争斗的人们。庄子通过这个故事，提醒我们要反思自己的欲望和争斗，不要为了微小的利益而陷入无休止的争斗中。

苏轼也曾在词作《满庭芳》中，以蜗牛触角上的国家为喻，表达了对名利的轻蔑和超脱。他写道：“蜗角虚名，蝇头微利，算来著甚干忙。”

这句话道出了名利的虚幻和短暂，提醒我们要

有超越名利的胸怀和眼光。对于名利，我们应该保持一颗淡泊的心，不被其所迷惑和左右。我们应该关注自己的内心需求，追求真正的幸福和满足。只有这样，我们才能在人生的旅途中，找到属于自己的方向和价值。

智者之态：不怒于色，不惊于心，不辩于口

在人生的长河中，我们难免会遇到种种挑战与困境。正如战国时期著名纵横家鬼谷子所言：“遇横逆之来而不怒，遭变故之起而不惊，当非常之谤而不辩。”

遇到不顺心的事或突如其来的困难时，不应轻易发怒或埋怨。这体现了情绪管理和保持内心平和的能力。遭遇突如其来的变故或危机时，应保持冷静和镇定，不惊慌失措。这种处变不惊的态度是应对复杂局面、做出正确决策的关键。当受到他人无理的指责或诽谤时，不必急于争辩或反驳。这更是一种胸怀和气度，相信时间和事实会证明一切。

鬼谷子强调，人在逆境中的表现最能体现一个

人的能力和修养。他提出的这三句箴言旨在教导人们在面对困难、变故和诽谤时保持冷静和理智。历史上也不乏以此精神照亮人生道路的杰出人物。

司马迁在遭受宫刑这一奇耻大辱后，没有选择沉沦或报复，而是以惊人的毅力，完成了“史家之绝唱，无韵之离骚”——《史记》。他面对横逆，选择了隐忍与坚持，用行动诠释了“不怒”的深邃。

苏轼这位宋代文豪，一生多次被贬，从繁华京城到偏远岭南，每一次变故都足以击垮常人，但他却总能以豁达的心态，笑对人生风雨。在黄州，他躬耕东坡，发明美食，留下“一蓑烟雨任平生”的千古绝唱，展现了“不惊”的从容与超脱。

至于“不辩”，则让人想到越王勾践。面对吴王夫差的羞辱与囚禁，勾践没有急于辩解或反击，而是选择了卧薪尝胆，默默积蓄力量，最终一举灭吴，成就霸业。他的沉默，不是懦弱，而是深谋远虑，是对“非常之谤”最有力的回应。

这些历史人物的故事，如同璀璨星辰，照亮了人类精神的天空。他们告诉我们：面对生活的横逆、变故与诽谤，最重要的是保持内心的平和与坚定，不轻易动怒，不惊慌失措，更无需急于辩解。时间自会证明一切，而我们能做的，就是在风雨中磨砺自己，成为更加坚韧、智慧的自己。

知足常乐：鹪鹩巢林一枝，偃鼠饮河满腹

在喧嚣的世界里，我们常常被欲望和贪婪所驱使，不断追求更多、更好，却往往忽视了生活中真正值得珍惜的东西。然而，《庄子》早已用一句简练而深刻的话提醒我们：“鹪鹩巢于深林，不过一枝；偃鼠饮河，不过满腹。”

鹪鹩这种小鸟，在茂密的森林中筑巢，所需的不过是一根树枝。它不会贪心地去占据更多的空间或资源，而是满足于这根树枝所提供的温暖和庇护。这种简单的满足，让鹪鹩在森林中自由自在地生活，享受着属于自己的宁静和快乐。

同样地，偃鼠在河边饮水，也只需喝到满腹就足够了。它不会因为河水丰沛而贪得无厌，而是懂

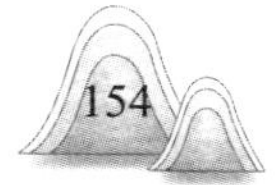

得适可而止，满足于自己所需的水量。这种知足常乐的态度，让偃鼠在生存的同时，也保持着内心的平和与满足。

“人心不足蛇吞象”这句谚语也深刻揭示了人性的贪婪弱点。传言一位朴实的农民救助了一条陷入困境的蛇，出于感恩，蛇赋予农民许愿的机会。最初，农民所求不过温饱，蛇一一应允，使他过上了安稳的生活。然而，随着时间的推移，农民的欲望像野草般疯长，他渴望权位，希望能身居高位。蛇再次显灵，让他的愿望得以实现，农民步步高升，直至成为一人之下万人之上的宰相。

然而，即使站在了权力的巅峰，农民仍不满足，他竟妄图成为一国之君。这时，蛇终于明白了人性的贪婪，这种无休止的欲望是无法填满的深渊。于是，它不再姑息，一口将这位贪婪的宰相吞噬。

为什么人心会如此不足？为什么总是忽略已经拥有的幸福和满足？我们忙着追求更多的财富、更高的地位、更大的权力，却忘记了这些追求背后的真正意义。我们要学会满足和珍惜，关注自己的内心世界，用心去感受生活中的每一个美好瞬间。只有这样，我们才能真正体验到生活的真谛，活出自己的色彩。

财富之道：财富如流水，没有人能永远拥有它

回顾中国的历史，我们可以发现许多古都的身影，如成都、西安、苏州、杭州、开封和洛阳等。它们都曾拥有过辉煌的过去，也经历过岁月的洗礼和变迁。就像洛阳，这座历史上曾经辉煌一时的城市，曾是世界的中心；开封，也曾被誉为“汴京繁华甲天下”。

这些古都的兴衰变迁，向我们揭示了一个重要的道理：拥有财富的时候，我们也要做好失去的准备。财富就像流水，总是不断地在流转，我们都只是财富的搬运工。而在这个流转的过程中，如何正确地看待和使用财富，就显得尤为重要。

股神巴菲特曾说过：“一旦你有了省钱的脑子，

就不会有精力培养一个挣钱的脑子。所以，你穷得很稳定。”当一个人过分关注如何节省钱财时，他的思维就会被局限在眼前的琐事上，而无法培养和拓宽那些能够带来更大财富的策略和视野。简而言之，过度的节俭可能会让你在财务上保持一种稳定的“穷”，而不是朝着更富裕的方向前进。

我们不应仅满足于节俭带来的短暂稳定，而是既要懂得积蓄，也要敢于投资，去创造更多的财富。同时，我们也需要保持一种开放和适应变化的心态，以便在财富流失时能够及时应对和调整策略。

处变不惊：驾驭人生变故的秘诀

《论语》有言：“不迁怒，不贰过。”在面对困难和挫折时，我们应该保持冷静和理智，不要将情绪发泄到他人身上，也不要重复犯同样的错误。

吕夷简是宋仁宗时期的重臣，担任参知政事和宰相等要职。他的四个儿子都聪敏好学，才学优异。吕夷简对他们的未来充满了期待，他想知道哪个儿子有宰相之才，便设计了一个考题来观察儿子们的反应。

一日，四个儿子从外面回来，吕夷简的夫人命丫环手擎四件珍贵的宝器走到门前，并故意跌倒，使得宝器摔碎。在这个突发情况下，三个儿子见宝器摔碎，皆失声痛惜，有的甚至跑去告诉大人。然而，唯独儿子吕公著泰然未动，神色自若，仿佛没有发生任何事情一样。

吕夷简对吕公著的表现非常满意，认为吕公著具有沉稳、冷静的性格，是宰相之才。后来，吕公著果然不负众望，官至司空，同平章军国事，成为北宋时期的名相。

成大事者，往往都具备这样的品质。正如晚清两代帝师翁同龢所言：“每临大事有静气，不信今时无古贤。”自古以来，贤圣之人越是遇到惊天动地的大事、险事，越能心静如水，处变不惊。这种境界和修养，是我们在人生道路上需要不断追求和学习的。

情绪掌控：真正厉害的人如何面对情绪挑战

《诫子书》有言："夫君子之行，静以修身，俭以养德。"有修养的君子应该保持内心的宁静，以更好地审视自己的行为和思想，并通过节俭的生活方式来培养自己的品德。

真正能够成就大事的人，往往是那些能掌控自己情绪，不被外界所左右的智者。他们不会因为受到别人的敬重而沾沾自喜，也不会因为受到侮辱而暴跳如雷。他们懂得将情绪视为人生旅途中的过客，不为所动，不被所困。

韩信，这位历史上著名的军事统帅，就是一个很好的例子。他从小历经磨难，饱尝人生艰辛。面对他人的歧视和冷遇，他从不抱怨，更不会因此而

产生过激的情绪。

有一次，他遭受了一位屠夫的羞辱，面临生死抉择。然而，韩信却选择冷静应对，他放下了个人的尊严和面子，从屠夫的胯下钻过，化解了危机。这一举动虽然让他暂时蒙受了屈辱，但也赢得了更多的时间和机会去成就自己的事业。

一个真正厉害的人并不是没有情绪，而是能够在关键时刻控制自己的情绪，不让它左右自己的判断和行动。他们懂得用理智去分析问题，用智慧去应对挑战。他们能够在逆境中保持冷静和坚韧，从而在人生的道路上越走越远。

我们应该学会控制自己的情绪，不让它成为我们前进道路上的绊脚石。我们要时刻保持一颗平静的心，用理性和智慧去面对生活中的各种挑战和困难。只有这样，我们才能在人生的道路上游刃有余，实现自己的梦想和目标。

脾气失控：伤人亦伤己的隐形利刃

年轻的男孩常常因为一些小事发脾气，父亲深知这样不仅伤害自己，也会伤害到身边的人。于是，父亲决定用一个特别的方式来教导他如何控制情绪。父亲给了男孩一袋钉子，并告诉他："每当你想发脾气时，就在后院的围栏上钉下一根钉子。"男孩疑惑地接过钉子，并按照父亲的指示去做。

第一天，他钉下了37根钉子，看着围栏上密密麻麻的钉孔，他感到震惊和愧疚。随着时间的推移，男孩开始尝试控制自己的情绪。每当感到愤怒时，他就会想起围栏上的钉孔。他会首先尝试深呼吸，尽量让自己冷静下来。渐渐地，他钉下的钉子越来越少，直到有一天，他发现自己一整天都没有发脾气。

他兴奋地告诉父亲这个好消息。父亲微笑着说：“很好，孩子。但你现在还不能骄傲，因为还有更重要的一步要做。从现在开始，每当你能控制自己的脾气时，就拔出一根钉子。”

男孩照做了。他每天努力控制自己的情绪，每当成功时，就拔出一根钉子。经过一段时间后，他终于拔掉了所有的钉子。他感到无比的自豪和满足，因为他觉得自己已经学会了控制情绪。

他和父亲再次来到后院，他发现尽管钉子已经拔掉，但围栏上却留下了无法消除的洞。父亲指着那些洞说：“孩子，你看这些洞永远留在了围栏上，它们就像你在生气时说出的话一样，即使事后道歉也无法完全消除对别人的伤害。”

男孩陷入了沉思。他明白了父亲的用意：脾气失控是一把伤人伤己的利刃。当遇到挫折、不满或愤怒时，应该学会冷静思考、理性表达，努力让自己成为一个更加成熟、稳重的人。

情绪养生：喜伤心，怒伤肝，恐伤肾，思伤脾，忧伤肺

《黄帝内经》有言："喜伤心，怒伤肝，恐伤肾，思伤脾，忧伤肺。"情绪管理，不仅仅是修养的体现，更是关乎身心健康的重大问题。正如自然界的五行对应着四季变换，我们的身体五脏也对应着五种情绪。这些情绪看似平常，实则潜藏着巨大的能量，一旦失控，便可能对我们的身体造成损害。

首先，让我们看看喜悦这种情绪。虽然喜悦能带来愉悦和满足感，但过度的喜悦可能对我们的心脏造成负担。保持一种平和的心态，避免过度的情绪波动，对于保护心脏健康至关重要。

愤怒的情绪常常伴随着怒火中烧，这不仅会让

我们失去理智，还可能对肝脏造成损害。学会控制愤怒，用平和的方式解决问题，是保护肝脏健康的重要方法。

过度的恐惧不仅会影响我们的心理健康，还可能对肾脏造成损害。胆小懦弱的人往往因为缺乏自信而过度忧虑，导致肾脏无法充分滋养身体。建立自信，勇敢面对挑战，是保护肾脏健康的重要途径。

思虑不仅会让我们的头脑疲惫不堪，还可能对脾胃造成损害。因此，我们要学会放下过多的担忧和顾虑，不要让过度的思虑消耗我们的精力。

最后，让我们看看悲伤这种情绪。悲伤不仅会

影响我们的心情，还可能对肺部造成损害。忧愁之人往往容易伤肺，导致头发变白、皮肤长皱纹。保持乐观的心态，积极面对生活中的挑战和困难，是保护肺部健康的重要方法。

情绪管理是我们身心健康的重要基石。只有学会管理好自己的情绪，才能真正享受健康、快乐的生活。让我们从现在开始，关注自己的情绪，为自己的身心健康保驾护航。

第七章

变通：穷则变，变则通，通则久

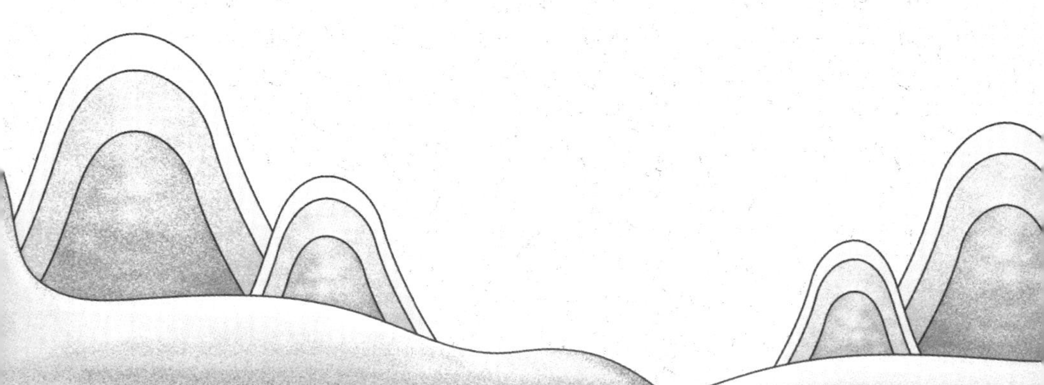

变通之道：穷则变，通向久远的成功

《易经》有言：“穷则变，变则通，通则久。”当事情发展到尽头或陷入困境时，就需要寻求变化；通过变化，就能找到通达的道路；而一旦找到了通达的道路，就能保持长久的稳定和繁荣。

曾国藩早年虽出身平凡，但凭借不懈的努力和卓越的才能，在科举考试中脱颖而出，步入仕途。然而，他的仕途并非一帆风顺，尤其在咸丰皇帝即位后，因直言进谏而遭冷遇，甚至被贬至江西任乡试考官。在人生低谷期，曾国藩没有选择沉沦，而是深刻反思，调整策略，开始创办湘军，以应对日益严峻的太平军起义。

在湘军的初创阶段，曾国藩经历了多次失败和

挫折，甚至有过轻生的念头。但正是这些困境，激发了他“穷则变”的决心。他不断总结经验教训，改进战术和训练方法，最终带领湘军取得了重大胜利。

曾国藩的声望和地位也日益提高，他历任两江总督、直隶总督等重要职务，成为晚清时期的重要政治和军事人物。然而，他并没有因此而满足，而是继续秉持着变革的精神，致力于国家的改革与发展。

曾国藩将一生官宦生涯阅人无数的经验总结成《冰鉴》一书。《冰鉴》以冰为镜，寓意明察秋毫、知人善任。本书提出了鉴别人才的各种方法和途径，

注重从人的神态、骨骼、刚柔、容貌、情态、须眉、声音以及气色等方面进行综合考察。无论是在古代官场还是在现代职场，这些技巧都能帮助人们更好地识别、选拔人才，被视为识人术的瑰宝之一。

曾国藩的一生充满神奇色彩，他在面对困境和挑战时所保持的积极心态和变革勇气尤其值得我们学习。只有敢于突破自我，勇于创新，才能在逆境中找到出路，实现人生的华丽转身。同时，变革并非一蹴而就，而是需要持之以恒的努力和不断的探索。只有不断适应变化，保持与时俱进的步伐，才能在人生的道路上走得更远、更稳。

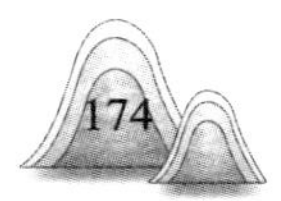

变通之道：在变化中寻找机遇

《闲情偶寄》有言：“变则新，不变则腐；变则活，不变则板。”这句话简洁而深刻地阐述了变通与创新、僵化与保守之间的对立关系。它告诉我们，只有勇于改变，才能迎接新事物，保持生机与活力；若固执守旧，则会陷入迂腐与呆板之中。

这句话所蕴含的人生哲理，在历史的长河中有着无数的印证。战国时期，秦国因循守旧、国力衰微，面临着亡国的危机。在这个关键时刻，商鞅挺身而出，提出了变法的主张。

他通过改革土地制度、推行军功爵制等一系列措施，使得秦国迅速崛起，最终统一了六国。商鞅的变法之所以成功，正是因为他敢于打破旧有的桎

梏，勇于变通和创新。

反观那些不愿变通、坚守旧制的历史人物，他们的结局往往令人唏嘘。比如清朝末期的顽固派，他们坚守着封建旧制，不愿进行任何改革。结果，在列强的侵略下，清朝迅速走向衰落，最终走向了灭亡的道路。这正是“不变则腐”的生动写照。

在现实生活中，我们也常常面临着需要变通和创新的挑战。无论是工作还是生活，我们都需要时刻保持清醒的头脑，观察环境的变化，捕捉新的机遇。只有勇于变通和创新，我们才能不断适应新的形势和任务，保持生机与活力。

当然，变通并不是一件容易的事。它需要我们具备敏锐的洞察力、果断的决策力和勇敢的执行力。只有时刻保持对周围环境的敏感和警觉，才能及时发现和抓住新的机遇。同时，我们也需要有勇气去尝试新的方法、新的思路，即使面临失败也不轻易放弃。

人生就像一场旅行，我们不知道前方会遇到什么风景。但是只要我们保持变通的心态，勇于迎接新的挑战，那么无论前方是荆棘还是坦途，我们都能走出一条属于自己的路。因为变通使我们保持新意与活力，并在不断变化的世界中找到属于自己的位置。

超越典要：“上下无常”下的生存哲学

《易经》有言：“上下无常，刚柔相易，不可为典要，唯变所适。”世间万物，包括人的境遇，总是在不断地上下波动，没有固定的常态。刚强与柔弱这两种力量也在相互转化，没有绝对的界限。我们不能固守过去的经验或规则作为行事的准则，唯有顺应变化，灵活调整，才能适应并生存发展。

正如山峰与低谷交替出现，人的境遇也在起起落落中不断转换。这种变化不是偶然，而是生命本质的体现。我们不能因为一时的成功而沾沾自喜，更不能因为一时的挫折而一蹶不振。相反，我们应该像流水一样，遇山则绕，遇谷则填，始终保持前进的姿态。

在这个快速变化的时代，过去成功的经验或许已不再是未来成功的保证。我们需要摒弃僵化的思维模式，敢于打破常规，勇于创新。每一次挑战都是一次重新学习的机会，每一次失败都是向成功迈进的一步。因此，不应过分依赖过去的“典要”，而应灵活应变，以开放的心态去拥抱变化，探索未知。

唯有不断适应变化，才能在这个世界立足。适应不是被动地随波逐流，而是主动地调整自我，提升自我。它要求我们在面对困境时，不逃避、不退缩，而是积极寻找解决之道，克服一切困难，实现自我超越。

双赢之道：留余地与拓领地的智慧

在街角两旁，两家早餐店并肩而立，每日顾客络绎不绝，热闹非凡。然而，当夜幕降临，账本揭晓时，一个微妙的差异引人瞩目：左边店铺的盈利总能比右边的多出百余元。

为解开这一谜团，有人深入两家店内探寻。踏入右侧的粥铺，服务员笑脸相迎，服务周到，询问顾客是否加鸡蛋。顾客或点头或摇头，选择看似自由，实则被限定在了“加或不加”的框架内。

而转向左侧的粥铺，氛围依旧温馨，服务员的提问却别出心裁：“您打算加一个鸡蛋，还是两个呢？”大多数顾客在这样的提问下，不自觉地选择了至少一个鸡蛋，更有不少被激发起尝试欲，欣然接受两个。即便偶有顾客坚持不加，也未能改变左边店铺鸡蛋销量领先的事实。

这一现象背后蕴含了深刻的人生哲理。在人际交往与商业活动中，给予对方选择的同时，更应巧妙地引导，拓宽选择的边界，从而激发更大的可能性。这不仅仅是一种销售策略，更是对人性与消费心理的深刻洞察。

在面对选择时，若我们能以更加开放和前瞻的心态去思考，往往能发现更多机遇，成就更加丰盈的自己。

人生轨迹：殊途同归是偶然，背道而驰是常态

在遥远的山谷间有两座山，每座山上都有一位和尚——一位身形圆润的胖师父，一位清瘦高挑的瘦师父。他们因每日共赴溪流取水而结缘，日复一日便建立了深厚的友情。溪水潺潺间，两人的笑声与对话，成了山间最动听的旋律。

岁月悠悠，五年光阴如白驹过隙。某日，当瘦师父如常前往溪流，却未见胖师父的身影，接下来连续几天都是如此。瘦师父心中担忧，打算前往对面山头一探究竟。

抵达之际，眼前的景象让他既惊讶又感慨。胖师父正与一位新友悠然自得地享受着宁静。而更令他震撼的，是后院中那口新挖的水井。原来，这五

年间，胖师父默默耕耘，用坚持与毅力打造了一口井，以后再也不必为取水奔波。

瘦师父默然离开，心中五味杂陈。他意识到，尽管两人曾共历风雨，但内心深处对生活有不同的追求与向往，两人早已悄然分道扬镳。

在成长的路上，我们或许都曾有过这样的经历：与挚友并肩前行，却在某个路口悄然分离，不是因为矛盾或误解，而是各自的梦想与追求引领着不同的方向。

生活，本就是一场关于自我探索与实现的旅程。每个人都在为自己的“水井”而努力。有的深藏于心底，有的则显于行动。当两个人的步伐不再同步，那份渐行渐远的距离虽让人感伤，却也是成长的必然。真正的理解与尊重，是允许对方以自己的方式绽放光芒。

面对人生的聚散离合，我们无需过分自责或遗憾。每一次的相遇与别离，都是生命赋予的宝贵财富，它们让我们学会了珍惜、感恩与放手。正如那句美好的诗句“人生若只如初见”，但更美好的是，我们能在每一次的相遇与别离中，成长为更加坚韧、成熟的自己。

不容小觑：勿轻小人物，深藏大智慧

在历史的浩瀚长河中，我们往往被那些伟大的英雄和领袖人物所吸引，他们的光辉事迹和卓越成就让我们敬佩不已。

然而，我们不应忽视那些默默无闻、看似微不足道的小人物。他们或许没有显赫的身份，没有惊天动地的伟业，但他们的存在和付出，往往对历史的进程产生深远的影响。

诸葛亮在三国时期被誉为“卧龙”，他以其卓越的智谋和才能，辅佐刘备建立了蜀汉政权，成为一代名相。然而，诸葛亮在年轻时期并没有得到太多的关注。

他曾在荆州的乡下隐居，过着清贫的生活，被许多人视为“山野村夫”。然而，正是这位“山野村夫”，凭借着对天下大势的深刻洞察和对时局的精准判断，最终成为刘备的得力助手。他运筹帷幄之中，决胜千里之外，为蜀汉的江山稳固立下了赫赫战功。

每个人都有独特的价值和潜力。不论我们身处何种环境，拥有何种身份，都不应妄自菲薄，低估自己的能力和价值。

得忧失亦忧：心爱之物的执着与人生困境

弗洛伊德说过：“人生有两大悲剧：一个是没有得到你心爱的东西；另一个是得到了你心爱的东西。”这两大悲剧表面看似矛盾，但其实蕴含了深刻的人生哲理：得到不等于幸福，失去也不应该绝望。

当我们渴望某样东西时，心中充满了期待与憧憬。正是那份对未知的向往让我们充满了动力，不断前行。

然而，当我们拼尽全力，最终却未能如愿以偿时，那种失落与绝望仿佛能将人吞噬。这种没有得到心爱之物的悲剧，让我们深刻体会到了人生的无常与残酷。

然而，当我们真的得到了曾经梦寐以求的东西时，却发现它并未能带来我们想象中的幸福与满足。这又是为什么呢?

正如哲学家叔本华所说：“生命是一团欲望，欲望不能满足就会痛苦，满足了就会无聊。人生，就像是钟摆，在痛苦和无聊之间来回摆动。”确实，我们往往会在得到之后感到空虚，甚至开始怀疑自己的追求是否值得。

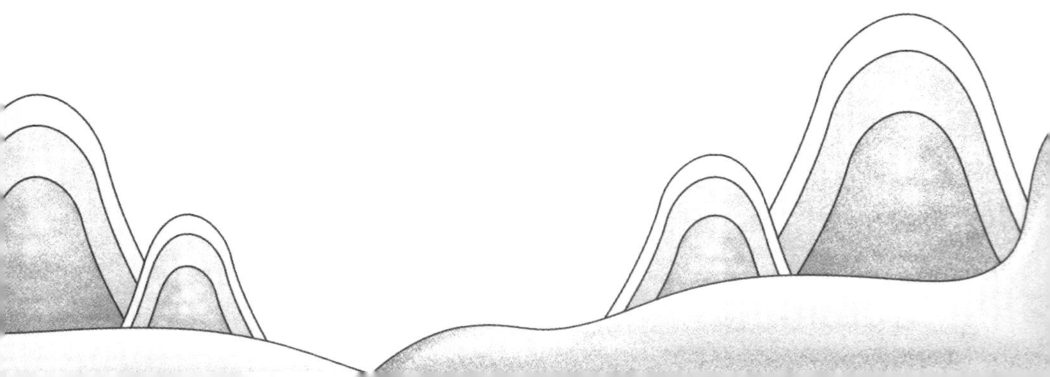

其实，这两大悲剧都源于我们对“心爱之物”的过度执着。人生真正的意义，不在于拥有了多少，而在于如何面对生活的起起落落。

我们要用一种更加平和的心态去面对生活中的一切，这个世界上没有什么东西是永恒不变的。当我们拥有时，应该好好把握，同时做好失去的准备；当我们失去时，也应该坦然面对，相信一切都是最好的安排。

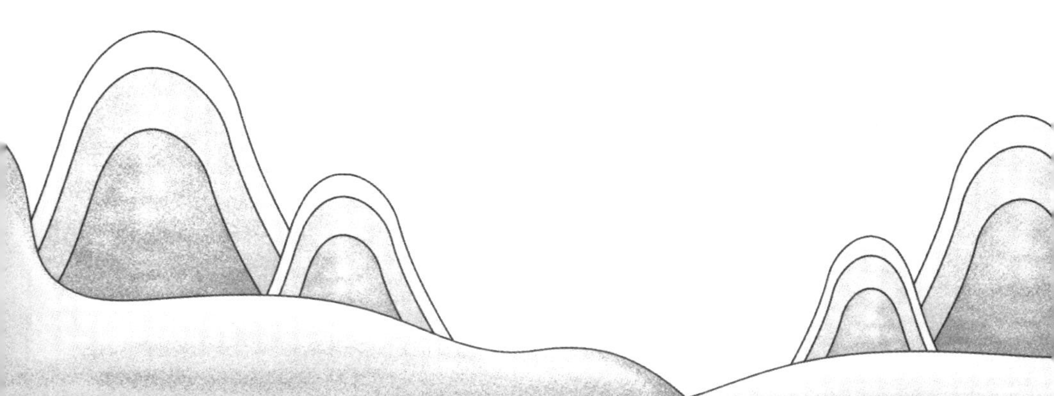